Ralf Frisch · Alles gut

T V Z

Ralf Frisch

Alles gut

Warum Karl Barths Theologie ihre beste Zeit noch vor sich hat

TVZ
Theologischer Verlag Zürich

Gedruckt mit freundlicher Unterstützung der Schweizerischen Reformationsstiftung, der Evangelisch-Lutherischen Kirche in Bayern, der Evangelischen Kirche in Deutschland, der Union Evangelischer Kirchen in der EKD und des Reformierten Bundes.

Der Theologische Verlag Zürich wird vom Bundesamt für Kultur mit einem Strukturbeitrag für die Jahre 2021–2025 unterstützt.

Bibliografische Informationen der Deutschen Nationalbibliothek
Die Deutsche Nationalbibliothek verzeichnet diese Publikation in der Deutschen Nationalbibliografie; detaillierte bibliografische Daten sind im Internet über http://dnb.dnb.de abrufbar.

Umschlaggestaltung
Simone Ackermann, Zürich

Druck
gapp print, Wangen im Allgäu

ISBN 978-3-290-18172-7 (Print)
ISBN 978-3-290-18196-3 (E-Book: PDF)

6. Auflage 2025
© 2018 Theologischer Verlag Zürich
www.tvz-verlag.ch

Alle Rechte vorbehalten

Hersteller:
TVZ Theologischer Verlag Zürich AG, Schaffhauserstr. 316, CH-8050 Zürich
info@tvz-verlag.ch

Verantwortlicher in der EU gemäss GPSR:
Brockhaus Kommissionsgeschäft GmbH, Kreidlerstr. 9, DE-70806 Kornwestheim
info@brocom.de

Weitere Informationen bezüglich Produktsicherheit finden Sie unter:
www.tvz-verlag.ch/produktsicherheit

Für meine Eltern
Gerda und Lothar Frisch

»Heaven is a large and interesting place.«

FBI Special Agent Dale Cooper
in der TV-Serie »Twin Peaks«

Inhalt

Vorwort und Dank *9*

1. **Einleitung**
   Fünfzig Jahre nach Karl Barth *13*

2. **Radikal modern**
   Die Unbegründbarkeit theologischer Gewissheit *29*

3. **Angriff ist die beste Verteidigung**
   Theologie als große Gegenerzählung *57*

4. **Die Verwandlung des Erlebten ins Erzählte**
   Eine Exkursion nach Mittelerde *75*

5. **Gottestheater mit Zuschauer**
   Anerkennung und Applaus *89*

6. **Freigelassener der Schöpfung**
   Die Bejahung des wirklichen Menschen *105*

7. **Freigelassener der Theologie**
   Den lieben Gott einen guten Mann sein lassen *119*

8. **Gott statt Religion**
   Theologische Religionskritik   *137*

9. **Gegen Macht**
   Der Herr der herrenlosen Gewalten   *161*

10. **Sein, sonst nichts**
    Ethik als Evangelium   *167*

11. **Kirche und Theologie nach ihrem Ende**
    Die Zukunft des Evangeliums   *185*

12. **Die Melodie der Versöhnung**
    Zu schön, um nicht wahr zu sein   *193*

Vorwort und Dank

Ich empfinde es als große Ehre, dass der Theologische Verlag Zürich zum 50. Todestag Karl Barths und zum Auftakt des Karl-Barth-Jahres 2019 dieses Buch veröffentlicht – ziemlich genau einhundert Jahre nach dem Erscheinen von Barths erstem Römerbrief-Kommentar.

Es fühlt sich gut an, Autor eines Verlags zu sein, in dem die Gesamtausgabe der Werke des bedeutendsten Theologen des 20. Jahrhunderts erscheint. Zugleich flößt mir die Nachbarschaft der einschüchternd monumentalen Textmassen Karl Barths ein wenig Furcht ein. Ob dieses dürftige Büchlein, dessen Wurzeln bis in meine Studentenzeit reichen, dem kritischen Blick Barths standhalten würde? Ich wage es mir nicht auszumalen, weil ich vermute, dass Barth meine verwegene und durchaus einseitige Interpretation seiner Theologie in der Luft zerreißen würde. Aber wer weiß. Vielleicht würde er ja auch der Frechheit meiner Deutung seines Denkens Respekt zollen und sich köstlich darüber amüsieren. Letzteres wäre das schönste Kompliment für mich. Denn es wäre das Kompliment eines Theologen, der selbst das eindrucksvollste Beispiel dafür war, dass Frechheit siegt und dass unerschütterlicher Humor ein Zeichen großer geistiger Freiheit ist.

Ich beginne dieses Buch, indem ich «Danke!» sage. Vor allen anderen danke ich Lisa Briner, der Verlagsleiterin des TVZ, die von Anfang an ihre Freude an meiner zugespitzten Barth-Interpretation hatte und mir viele inspirierende Anregungen auf dem

Weg zur Endfassung gab. Ebenfalls danken möchte ich Prof. Dr. Georg Pfleiderer, der für die Veröffentlichung meines Manuskripts im TVZ nachdrücklich plädierte. Daran, dass er meinen Text überhaupt zu Gesicht bekam, ist meine Kollegin Sandra Bach nicht ganz unschuldig. Auch ihr gilt mein Dank.

Erfreulicherweise haben erhebliche Druckkostenzuschüsse eine Preisgestaltung ermöglicht, die es jenen, die nicht viel Geld für Bücher ausgeben können oder wollen, leichter macht, das Buch zu erwerben – insbesondere Studierenden. Ich danke der Schweizerischen Reformationsstiftung, der Evangelisch-Lutherischen Kirche in Bayern, der Evangelischen Kirche in Deutschland, der Union Evangelischer Kirchen in der EKD und dem Reformierten Bund für ihre äußerst großzügige Beteiligung an den Publikationskosten.

Nicht zuletzt danke ich meinem Landesbischof, Prof. Dr. Heinrich Bedford-Strohm, dem Ratsvorsitzenden der Evangelischen Kirche in Deutschland, für seine herzliche und engagierte Unterstützung auf der Zielgeraden der Veröffentlichung.

Dieses Buch ist den beiden Menschen gewidmet, ohne die ich nicht wäre, was ich bin: meinen Eltern. Ich verneige mich vor ihnen.

München, im Sommer 2018
Ralf Frisch

Vorwort zur zweiten Auflage

Dass die erste Auflage dieses Buches schon nach kurzer Zeit vergriffen war und bereits nach wenigen Monaten eine zweite Auflage erscheinen kann, freut mich sehr. Offenbar kam meine Deutung der Theologie Karl Barths zur rechten Zeit, und offenbar rührt sie an einen Nerv. Wenn die Lektüre meines Buches die zeitlose Notwendigkeit von Barths großer Liebeserzählung Gottes neu ins Bewusstsein von Theologie und Kirche rücken hilft, vergrößert sich meine Freude noch. Unsere nervöse, überstrapazierte und desillusionierte Welt hat Lichtblicke der Hoffnung bitter nötig. Karl Barths Theologie ist ein solcher Lichtblick. Gott sei Dank. – A propos Dank: Viele anerkennende Rückmeldungen und Rezensionen erreichten mich aus der Schweiz und aus Deutschland. Ich bin dafür sehr dankbar. Dankbar bin ich auch für die wertvollen Korrekturhinweise meiner Berner Kollegin Prof. Dr. Magdalene L. Frettlöh. Alle von ihnen habe ich berücksichtigt, sonst aber nicht viel verändert. Es war schlicht nicht nötig. Mir gefällt das Buch noch immer – und hoffentlich auch Ihnen, die Sie es erstmals zur Hand nehmen!

München, im Advent 2018
Ralf Frisch

1. Einleitung
Fünfzig Jahre nach Karl Barth

Ich sitze an einem warmen Sommerabend in einem Biergarten im Grünen und blicke um mich. Die Menschen genießen ihr Leben. Sie erzählen sich, was sie für erzählenswert halten. Sie sind guter Dinge – oder verstehen es zumindest gut, die bösen Dinge, die sie vielleicht quälen, für sich zu behalten und in diesem Augenblick keine Rolle spielen zu lassen. Sie prosten einander zu. Sie sehnen sich danach, dass alles gut wird. Und obwohl sie ahnen, dass nicht alles gut wird, geschweige denn gut ist, lassen sie Fünfe gerade und den lieben Gott einen guten Mann sein.

Welche Art von Theologie trifft den Nerv dieses Biergartenabends und den Nerv unserer Zeit? Worauf sind die sogenannten normalen, weltlichen Menschen unserer Gegenwart in religiöser Hinsicht wirklich ansprechbar? Was geht sie tatsächlich unbedingt an? Und womit lässt man sie besser in Ruhe? Warum sollten sie der Kirche, deren Turm im Hintergrund der Szenerie aus dem Dorf in den Himmel ragt, einen Besuch abstatten oder ihr gar die Treue halten? Weil sie zum Dorf und zu seiner Tradition gehört? Weil es gut ist, dass man sie im Dorf lässt? Vielleicht genügt es ja, dass sie da steht, nicht verfällt, sondern beharrlich darauf hinweist, dass es nicht nur den sogenannten Boden der Tatsachen, sondern mehr zwischen Himmel und Erde gibt, als unsere Schulweisheit sich träumen lässt. Vielleicht sogar einen Gott, der ein Auge auf diese Welt hat.

Vor fünfzig Jahren, am 10. Dezember 1968, starb der Theologe Karl Barth (1886–1968) zweiundachtzigjährig in Basel. Sein Freund Eduard Thurneysen (1888–1974) war der Letzte, der zu Lebzeiten mit Karl Barth sprach. Am Abend des 9. Dezember telefonierten die beiden Theologen. Sie redeten über die Weltlage. Und Barth sagte: »Ja, die Welt ist dunkel. Aber nur ja die Ohren nicht hängen lassen! Nie! Denn es wird regiert, nicht nur in Moskau oder in Washington oder in Peking, sondern es wird regiert, und zwar hier auf Erden, aber ganz von oben, vom Himmel her! Gott sitzt im Regimente! Darum fürchte ich mich nicht. Bleiben wir doch zuversichtlich auch in den dunkelsten Augenblicken! Lassen wir die Hoffnung nicht sinken, die Hoffnung für alle Menschen, für die ganze Völkerwelt! Gott lässt uns nicht fallen, keinen einzigen von uns und uns alle miteinander nicht! – Es wird regiert!«[1]

Ich vertrete in diesem Buch die These, dass es Karl Barths Theologie ist, die den Nerv unserer Zeit und den Nerv ihrer Menschen trifft wie keine andere Theologie davor und seither. Auch fünfzig Jahre nach Barths Tod und ziemlich genau ein Jahrhundert nach Barths Revolution der Theologie seiner Zeit ist Karl Barths Theologie aktuell – immer noch und immer wieder aufs Neue.[2] Insbesondere deshalb, weil sie den Menschen mit Theolo-

---

1 Zitiert nach Karl Kupisch, Karl Barth in Selbstzeugnissen und Bilddokumenten, Stuttgart 1977, 135. Im Folgenden gebe ich alle Texte Karl Barths und anderer Autoren in der neuen Rechtschreibung wieder. Manches »ß« wird dabei zu einem »ss«.

2 Zur Einführung in das Leben und Werk Karl Barths siehe beispielsweise Eberhard Busch, Karl Barths Lebenslauf. Nach seinen Briefen und autobiografischen Texten, Zürich 2006. Vgl. in jüngerer Zeit auch ders., Karl Barth – Einblicke in seine Theologie, Göttingen 2016. Ferner Michael Beintker (Hg.), Barth Handbuch, Tübingen 2016, sowie

gie, Kirche und Gott in Ruhe lässt und weil sie nicht das Geringste dagegen hat oder daran zu ändern sucht, dass der Mensch in Frieden und von Religion unbehelligt seiner Wege als Mensch mit Stärken und Schwächen und mit Licht- und Schattenseiten geht. Und nicht zuletzt auch deshalb, weil sie je länger, je mehr unbeirrt zur Sprache bringt, wonach sich die Menschen unserer Zeit und aller Zeiten sehnen: dass alles gut wird. Alles, so Barth, ist gut, weil Gott alles gut gemacht hat.

Viele Theologen unserer Gegenwart bestreiten allerdings nachdrücklich, dass Karl Barths Theologie bleibend aktuell ist oder ihre beste Zeit noch vor sich hat. Zwar zählt die Theologie Barths »zu den außereuropäisch am breitesten und vor allem stark kulturübergreifend rezipierten und erforschten Entwürfen des 20. Jahrhunderts«[3]. Im deutschsprachigen Theologieraum ist Barth jedoch derzeit eher *out*. Viele halten Barths Denken heute für nicht mehr vermittelbar. Dass es anschlussfähig an die wissenschaftlichen und gesellschaftlichen Diskurse unserer Zeit sein könnte, gilt als ausgeschlossen. Das Einzige, was an Barths letzten überlieferten Worten jenes Dezemberabends vor fünfzig Jahren aktuell zu sein scheint, ist nicht die Überzeugung des alten Theologen, dass alles gut ist, sondern seine Einschätzung der Dunkelheit der Weltlage.

George W. Hunsinger, Karl Barth lesen. Eine Einführung in sein theologisches Denken, Neukirchen-Vluyn 2007. Die neueste Barth-Biografie stammt aus der Feder von Christiane Tietz. Christiane Tietz, Karl Barth. Ein Leben im Widerspruch, München 2018.

3 So der Bochumer Theologe Günter Thomas (*1960) auf seiner Website. Siehe www.ev.ruhr-uni-bochum.de:8434/systheol/projekte/karlbarth-konstheol.html.de. Vgl. dazu auch Günter Thomas, Rinse H. Reeling Brouwer und Bruce McCormack (Hg.), Dogmatics after Barth. Facing Challenges in Church, Society and the Academy, Leipzig 2012. Zur internationalen Rezeption Karl Barths siehe auch Michael Trowitzsch und Martin Leiner (Hg.), Karl Barths Theologie als europäisches Ereignis, Göttingen 2008.

Die Sehnsucht nach Stabilität und Ordnung, nach Freiheit und Sicherheit war in der europäischen Gegenwart des »Achsenjahr[es]«[4] 1968, des letzten Lebensjahres von Karl Barth, ebenso ein Thema, wie sie ein halbes Jahrhundert später ein Thema ist – freilich unter ganz anderen welt- und gesellschaftspolitischen Vorzeichen. Den Bewohnern unserer Gegenwart steht innerhalb und außerhalb von Europa in ähnlicher Weise vor Augen, was Terror und irregeleitete Herrschaft in der Welt anrichten können, wie es Karl Barth seinerzeit vor Augen stand. Barth ging in zwei Weltkriegen und an mindestens zwei totalitären Regimen das Licht auf, dass nur auf eine Gestalt der Herrschaft und nur auf ein Regime wirklich Verlass ist: auf das Regiment des freien Gottes, der den Menschen aus Liebe in die Freiheit frührt. Barth wusste, was Feinde der Freiheit und was Autokraten sind. Er wusste, welches Unwesen entfesselte totalitäre Gewalt auf Erden treiben kann. Er wusste, dass die Macht der herrenlosen Gewalten[5], die niemandem dienen und als Formen nackter Selbstdurchsetzung auf Kosten anderer nur herrschen, gewaltig ist. Aber er hatte schon früh den menschlichen, den christlichen und den theologischen Respekt vor ihnen verloren.

Die Geschichte der Theologie Karl Barths begann, als Barth um die Zeit des Ausbruchs des Ersten Weltkrieges herum an der

---

4 So Martin Mosebach, Häresie der Formlosigkeit. Die römische Liturgie und ihr Feind, München, 2. Aufl. 2016, 76.
5 Von »herrenlosen Gewalten« spricht Barth im Nachlassmaterial zum § 78 der »Kirchlichen Dogmatik«. Dieser Paragraf sollte ursprünglich zur Ethik der Versöhnungslehre gehören. Darin findet sich auch der Unterabschnitt »Die herrenlosen Gewalten«. Mittlerweile ist dieses Nachlassmaterial publiziert. Karl Barth, Das christliche Leben. Die kirchliche Dogmatik IV,4, Fragmente aus dem Nachlass, Vorlesungen 1959–1961 (Karl Barth-Gesamtausgabe Bd. 7), hg. von Hans-Anton Drewes und Eberhard Jüngel, Zürich, 3. Aufl. 1999, 363–399. Siehe dazu auch Martin Hailer, Gott und die Götzen. Über Gottes Macht angesichts der lebensbestimmenden Mächte, Göttingen 2006, dort insbesondere 332ff.

Theologie seiner theologischen Lehrer irre wurde, die den Krieg nicht nur begrüßten, sondern theologisch rechtfertigten. Viele von ihnen hatten das sogenannte »Manifest der 93«[6] unterzeichnet – jenen Aufruf an die Kulturwelt, der die Vorwürfe bestritt, die die Kriegsgegner und die Alliierten gegen Deutschland erhoben. Das »Manifest der 93«, die den Krieg als Selbstverteidigung und Notwehr rechtfertigten, wurde von der »Erklärung der Hochschullehrer des Deutschen Reiches«[7] vom 14. November 1914 noch übertroffen. Der evangelische Theologe Reinhold Seeberg (1859–1935) hatte sie verfasst. 3000 Professoren unterschrieben. Mit ihrer Unterschrift erklärten sie den Ersten Weltkrieg zum Verteidigungskampf der deutschen Kultur, an deren Wesen die Welt genesen sollte – und sei es mit Gewalt.

Wenn man so will, war der junge Schweizer Pfarrer, der sich unter dem Eindruck dieses Sündenfalls der Generation seiner Väter in der Arbeitergemeinde Safenwil im Kanton Aargau eines Tages mit anderen Augen der Theologie zuwandte, eine Art theologischer Achtundsechziger seiner Zeit. Einer allerdings, dessen Revolution der Verhältnisse sich im Denken, anders gesagt: durch ein Andersdenken des Vertrauten ereignete – im Sinne des griechischen Wortes »*metanoia*«.[8] Denn »*metanoia*« heißt Umdenken.

Dieses Umdenken hatte bereits begonnen, als sich Barth in beständigem Austausch mit Eduard Thurneysen an den Versuch machte, »bei einem erneuten Erlernen des theologischen ABC noch einmal und besinnlicher als zuvor mit der Lektüre und Auslegung der Schriften des Alten und Neuen Testaments einzusetzen. Und siehe da: sie begannen zu uns zu reden – sehr anders,

---

6   Der Text ist online nachzulesen auf der »Memorial Website« des Physikers Walther Nernst unter www.nernst.de/kulturwelt.htm.
7   Siehe unter de.wikisource.org/wiki/Erklärung_der_Hochschullehrer_ des_Deutschen_Reiches.
8   Vgl. Mk 1,15.

als wir sie in der Schule der damals ›modernen‹ Theologie reden hören zu müssen gemeint haben.«[9]

So wandte sich Barth im Jahr 1916 also dem Römerbrief des Apostels Paulus zu, um die »damals moderne« Theologie durch eine kritische Theorie der Moderne[10] aus den Angeln zu heben, die kritischer, fundamentaler und avantgardistischer in Erscheinung trat als die Theologie seiner Zeit. Kulturell gesehen war Barths neue Theologie geradezu *state of the art*. Wie Isaac Newton (1643–1727), den angesichts eines fallenden Apfels im Jahr 1660 die Idee der Gravitation überwältigt haben soll, revolutionierte auch Karl Barth »unter einem Apfelbaum«[11] das Weltbild seiner Zunft. Gott wollte ihm auf einmal nicht mehr als Inbegriff der religiösen, ethischen und kulturtechnischen Fähigkeiten des Menschen erscheinen, sondern trat als Kritiker und Richter alles Bestehenden, als Revolutionär von senkrecht von oben auf den Plan. In expressionistischem Pathos erschütterte Karl Barth die schöne Form, die wertstabilen Grundfesten, die humanen Überzeugungen und die kulturprotestantischen Identitätsbildungen der Theologie seiner Zeit. Barths Römerbriefkommentar, insbesondere dessen zweite, drei Jahre nach der Erstauflage von 1919 nochmals radikalisierte Fassung aus dem Jahr 1922[12],

---

9   Karl Barth, Nachwort, in: Schleiermacher-Auswahl, bes. von Heinz Bolli, München und Hamburg 1968, 290–312, dort 294f.
10 Siehe dazu meine Dissertation über Barths dialektische Theologie. Ralf Frisch, Theologie im Augenblick ihres Sturzes: Theodor W. Adorno und Karl Barth. Zwei Gestalten einer kritischen Theorie der Moderne, Wien 1999, sowie meinen Aufsatz »Aesthetica crucis. Karl Barths Theologie im Kontext der ästhetischen Moderne des 20. Jahrhunderts«, in: Zeitschrift für Systematische Theologie und Religionsphilosophie 45 (2003), 227–251. Vgl. auch Georg Pfleiderer und Harald Matern (Hg.), Theologie im Umbruch. Karl Barths frühe Dialektische Theologie, Zürich 2014.
11 Barth, Nachwort zur Schleiermacher-Auswahl, 294f.
12 Karl Barth, Der Römerbrief. Zweite Fassung 1922, Zürich, 15. Aufl. 1989.

brachte die akademische Theologie ins Wanken. Mit diesem »Römerbrief« brach im zweiten Jahrzehnt des noch jungen Jahrhunderts das 20. Jahrhundert in der Theologie an. Vor allem eine Erkenntnis war für den theologischen Revolutionär Karl Barth dabei leitend: Wenn sich Gott derart leicht, wie dies in der Theologie seiner Väter geschehen war, für menschliche Zwecke und für die Überhöhung menschlicher Macht funktionalisieren und instrumentalisieren ließ, dann konnte das, was Barths theologische Lehrer als »Gott« bezeichnet hatten, nicht der wahre Gott sein. Wenn eine komplette Generation theologischer Hochschullehrer imstande war, sich restlos in »geistige 42 cm Kanonen«[13] zu verwandeln, wie Barth am 4. Januar 1915 in einem Brief schrieb, dann konnte es mit der kritischen Zeitgeistesgegenwart der evangelischen Theologie nicht weit her sein.

Barth wurde klar: Falls er theologisch irgendwie dagegenhalten wollte, musste er die Differenz zwischen Gott und Mensch so stark betonen wie nur möglich. »Wenn ich ein ›System‹ habe«, so Barth im Vorwort zu seinem zweiten »Römerbrief«, dann »besteht es darin, dass ich das, was Kierkegaard den ›unendlichen qualitativen Unterschied‹ von Zeit und Ewigkeit genannt hat, in seiner negativen und positiven Bedeutung möglichst beharrlich im Auge behalte. ›Gott im Himmel und du auf Erden‹.«[14] – Mit dieser Erkenntnis kam die sogenannte dialektische Theologie zur Welt. In Wahrheit war sie eher eine negative Theologie, weil sie Gott als Negation und als Krise aller menschlichen Kultur ins Feld führte. Durch diese Strategie der Negation suchte Barths Theologie der Krise die Gottheit Gottes allen menschlichen Zugriffen und allem menschlichen Missbrauch zu entziehen. Sie stellte also eine konsequente Kritik der instrumentellen theologischen Vernunft dar.

---

13 Karl Barth, Brief an Willy Spoendlin vom 4. Januar 1915, zitiert nach Eberhard Busch, Karl Barths Lebenslauf, 93.
14 Barth, Der Römerbrief. Zweite Fassung 1922, XIII.

Karl Barths Theologie war von Anfang an auch Machtkritik. Jahrzehnte nach dem »Römerbrief« brachte er diese Machtkritik in der sogenannten Erwählungslehre seiner »Kirchlichen Dogmatik« eindrucksvoll auf den Punkt: »Der Macht als Macht steht der Mensch als Mensch frei gegenüber. Er kann ihr erliegen, er kann von ihr vernichtet werden. Er ist ihr aber keinen Gehorsam schuldig und eben zum Gehorsam kann ihn auch die überlegenste Macht als solche nicht zwingen. Macht als Macht hat keinen göttlichen Anspruch und wenn sie noch so imponierend, noch so wirksam wäre. Gegen die Macht als Macht sich selbst vorzubehalten, und wäre es im eigenen Untergang, ist nicht nur des Menschen Möglichkeit, ist nicht nur die Behauptung seines Rechtes und seiner Würde, sondern die Pflicht, die er mit seiner Existenz als Mensch zu erfüllen hat [...]. Prometheus hat nun einmal recht gegen Zeus.«[15]

Gottes Macht ist Barth zufolge die einzige Macht der Welt, die den Menschen nicht unterwirft, sondern erhebt, aufrichtet und befreit. – Dass Barth Gott als Gegenmacht gegen die totalitären Mächte der Welt zur Sprache brachte, die insbesondere im Dritten Reich ihr teuflisches Unwesen trieben, brachte ihm bizarrerweise den theologischen Vorwurf[16] ein, seinerseits totalitär geworden zu sein und den Teufel mit Beelzebub ausgetrieben zu haben. Allerdings trägt die Gegenmacht aller Mächte in Barths Theologie den Namen Jesus Christus, dessen wahre Göttlichkeit sich gerade in seinem Gang in die Fremde, also in das Elend und in die Niedrigkeit des Menschseins zeigt. Gott kann Karl Barth zufolge daher eben gerade nicht *via eminentiae* als

---

15   Karl Barth, Kirchliche Dogmatik Bd. II,2, Zürich 1942, 613f. – Ich nenne im Folgenden bei der erstmaligen Zitation das ursprüngliche Erscheinungsjahr des jeweiligen Teilbandes der »Kirchlichen Dogmatik«; danach zitiere ich nur noch abgekürzt als »KD«.
16   Siehe dazu insbesondere Trutz Rendtorff (Hg.), Die Realisierung der Freiheit. Beiträge zur Kritik der Theologie Karl Barths von F. Wagner, W. Sparn, F. W. Graf und T. Rendtorff, Gütersloh 1975.

ins Absolute gesteigerte Macht theologisch zur Sprache gebracht werden. Dennoch legt der Vorwurf der Barth-Kritiker einen Finger in die Wunde von Karl Barths Theologie. Denn Barth unterstrich die Autorität Gottes, wo er nur konnte, und argumentierte daher in der Tat zuweilen sehr autoritär. Er wollte Recht haben, was sich an einer drolligen Begebenheit illustrieren lässt, die Barths Freund Thurneysen als typisch empfand und daher überliefert hat. In einem Gespräch begehrte der Theologe Gottlob Wieser (1888–1973) einmal gegen Barth auf und hielt ihm vor: »Du *willst* immer recht haben, Karl!« Barth entgegnete darauf lachend: »Nein. Ich *habe* halt immer recht!«[17]

Weil die Theologie nicht über die Beweis- und Evidenzsicherungsverfahren der sogenannten exakten Wissenschaften verfügt, pochen theologische Fundamentalisten nicht selten auf Autorität und Gehorsam. Auch Barth war davor leider nicht gefeit. An Andersdenkenden ließ er selten ein gutes Haar, weil er offenbar nur so seine Mission der Reinigung der Theologie und der Kirche vom Unglauben erfüllen zu können glaubte. Vom Menschen, insbesondere von den Leserinnen und Lesern seiner »Kirchlichen Dogmatik«, die zwischen 1932 und 1967 entstand, dreizehn Bände auf fast 10 000 Seiten umfasst und dennoch unvollendet blieb, forderte Barth zwar in religiöser und in ethischer Hinsicht nichts – weder Frömmigkeit noch Moral. Oder besser gesagt: fast nichts, außer eben Anerkennung und Gehorsam. Aber dass Barth ebenso wie jener politische »Führer« seiner Zeit, den er zutiefst verabscheute, diesen Gehorsam forderte, macht sein Denken anfällig für jene Kritiker, die seine Theologie für autoritäre, ja totalitäre Theologie halten[18], weil sie dem Men-

---

17 Eberhard Busch, Meine Zeit mit Karl Barth. Tagebuch 1965–1968, Göttingen 2011, 17.
18 Zu dieser Kritik siehe ausführlicher u. a. Stefan Holtmann, Karl Barth als Theologe der Neuzeit. Studien zur kritischen Deutung seiner Theologie, Göttingen 2007.

schen die Botschaft des seinem Wesen nach antiautoritären und befreienden Evangeliums hinwirft wie einen Stein und zu diesem Menschen sagt: »Friss, Vogel, oder stirb!«[19]

Dietrich Bonhoeffer (1906–1945) kämpfte in der ersten Hälfte des 20. Jahrhunderts ebenso wie Karl Barth theologisch und politisch gegen den menschenverachtenden Nationalsozialismus und dessen totalitäre Gewaltherrschaft. Auch Bonhoeffers Theologie artikulierte sich als Macht- und Herrschaftskritik. Deutlicher als Karl Barth stellte er allerdings Gottes Ohnmacht ins Zentrum seines Denkens. In seinen unter dem Titel »Widerstand und Ergebung« veröffentlichten Briefen aus dem Tegeler Gefängnis betonte Bonhoeffer, dass nur der leidende und ohnmächtige Gott helfen könne.[20] In den Tagen des missglückten Attentats auf Adolf Hitler (1889–1945) am 20. Juli 1944 floh Bonhoeffer gewissermaßen unter das Kreuz Jesu Christi. Was gute Macht ist und was gute Mächte sind, erkennen wir nach Bonhoeffer nur, wenn wir auf den gekreuzigten Christus blicken. Er, der aus der Welt herausgekreuzigt wird[21] und dessen Macht ganz anders ist als die Macht, die die Welt regiert, unterdrückt und zerstört, ist der Einzige, der es mit den Mächten der Welt wirklich aufnehmen kann.

»Es wird regiert.« – Bei Barth, der nie an der Königsherrschaft des auferstandenen Christus zweifelte, sichtlich machtvoller und ungebrochener als bei Bonhoeffer. Und so ist es kein Wunder, dass Bonhoeffers theologische Machtkritik vielen näher ist als Barths siegesgewisse Theologie – vor allem jenen, denen angesichts der Katastrophen des 20. und 21. Jahrhunderts die Kritik des theologischen Dogmas und die Kritik vollmundiger

---

19 So Paul Tillich, Systematische Theologie I, Berlin und New York, 8. Aufl. 1987, 13.
20 Dietrich Bonhoeffer, Widerstand und Ergebung. Briefe und Aufzeichnungen aus der Haft, hg. von Eberhard Bethge, Gütersloh, 17. Aufl. 2002, 192.
21 Ebd.

theologischer Metaphysik eher an der Zeit scheint als die Idee, dass Gott siegreich im Regimente sitzt und alles wohl führt.

Dass Gott mächtiger ist als alle Mächte dieser Welt und dass er ganz von oben, vom Himmel her, sein Heilswerk verrichtet und vollendet, wurde aber nicht erst nach dem Zusammenbruch der Humanität in Verdun, Auschwitz, Dresden und Hiroshima fraglich. Seit Beginn der Aufklärung im 18. Jahrhundert ist die Gottesskepsis integraler Bestandteil des gesellschaftlichen und des wissenschaftlichen Diskurses. Vor allem nach dem Zweiten Weltkrieg und in der revolutionär elektrisierten geistigen Atmosphäre der Sechzigerjahre erfasste sie auch die Theologie zumal in Deutschland mit voller Wucht. Viele Theologinnen und Theologen begannen Theorien zu misstrauen, die starke theologische Behauptungen machten und wie Karl Barth von Gottes Wirklichkeit und Gottes Macht redeten, als wäre nichts geschehen und als stünde eine ungebrochene Theologie der Herrlichkeit des siegenden Jesus[22] nicht in eklatantem Widerspruch zum Geist ihrer Zeit. Andererseits waren es gerade die Schüler Karl Barths, die aus Barths Theologie die Legitimation einer sozialistischen Revolution aller gesellschaftlichen Verhältnisse herauslasen. In einer Kurzzusammenfassung von Karl Barths theologischem Ansatz schrieb der Theologe Friedrich-Wilhelm Marquardt (1928–2002) am Ende des Registerbandes der »Kirchlichen Dogmatik« im Gestus des Achtundsechzigers, Barths Theologie wolle der »Vorbereitung« von »dringend für nötig gehaltenen politischen Klärungen dienen. Diese sind ihr erklärtes Ziel.«[23] Marquardts Habilitationsschrift über Karl Barth als Sozialist[24] geriet zum

22 So Karl Barth, Kirchliche Dogmatik Bd. IV,3/1, Zürich 1959, 1 und 188.
23 Friedrich-Wilhelm Marquardt, Exegese und Dogmatik in Karl Barths Theologie. Was meint »Kritischer müssten mir die Historisch-Kritischen sein?«, in: Registerband zur »Kirchlichen Dogmatik«, hg. von Helmut Krause, Zürich 1970, 649–676, dort 654.
24 Friedrich-Wilhelm Marquardt, Theologie und Sozialismus. Das Beispiel Karl Barths, München 1972.

politischen und theologischen Skandal. An der Kirchlichen Hochschule Berlin wurde sie mit knapper Mehrheit abgelehnt, woraufhin Helmut Gollwitzer (1908–1993), Barths ehemaliger Doktorand und Nachfolger auf dessen Bonner Lehrstuhl, seinen Lehrauftrag an der Kirchlichen Hochschule aus Protest niederlegte. Gollwitzer selbst war der Seelsorger der RAF-Terroristin Ulrike Meinhof (1934–1976) und hielt die Trauerrede für sie.

Über Karl Barth, der immer Recht haben wollte und ganz genau zu wissen schien, wie es um Gott und seine Macht bestellt ist, kursiert ein so liebevoller wie entlarvender Witz. Karl Barth, Paul Tillich (1886–1965) und Rudolf Bultmann (1884–1976) kommen in den Himmel und haben sich vor Gott zu verantworten. Zuerst wird Rudolf Bultmann eingelassen, während die beiden anderen vor der Himmelspforte warten. Nach wenigen Minuten kommt Bultmann heraus, hebt Abbitte leistend die Hände und sagt: »Ich widerrufe alles. Wie konnte ich mich so über Gott und die Welt täuschen!« Als Zweiter tritt Paul Tillich ein. Immerhin eine Viertelstunde nimmt sich Gott für ihn Zeit. Als Tillich gesenkten Hauptes wieder herauskommt, seufzt er kleinlaut: »Ich Idiot! Was habe ich nur für einen Unsinn gedacht und geschrieben!« Schließlich darf Karl Barth vor Gott treten. Eine Stunde vergeht. Zwei Stunden vergehen. Drei Stunden vergehen. Nach sechs Stunden kommt Karl Barth entnervt heraus, schüttelt den Kopf und rauft sich die Haare: »Er versteht es nicht! Er versteht es einfach nicht!« – Wollte also Karl Barth Gott am Ende doch besser verstehen, als Gott sich selbst versteht? Und verstrickt sich seine Theologie des ganz anderen, jeder Theologie gegenüber freien Gottes dadurch nicht in einen tiefen Selbstwiderspruch?

Der romantische Dichter Novalis (1772–1801) bemerkte mehr als einhundert Jahre vor Barths theologischer Wiederentdeckung der Theologie der Reformatoren, dass wir in einer Zeit leben, in der »der unmittelbare Verkehr mit dem Himmel nicht mehr statt[findet]«[25]. Es sieht nicht so aus, als sei diese Zeit vorüber. Und so scheint eine Theologie, die wissensgewiss und unverblümt vom Himmel kündet, der Vergangenheit anzugehören und nicht wiederbelebt werden zu können. Offenkundig führt kein Weg zurück in das Kinderland des Glaubens, in dem Menschen bereit sind, das Märchen vom starken und lieben Gott für wahr zu halten, das Karl Barth in den dreizehn Bänden seiner »Kirchlichen Dogmatik« erzählt. Barths Gottesstory mit Happy End ist einfach zu schön, um wahr sein zu können. Aber wenn sie nicht so wahr ist, wie natur-, human- oder kulturwissenschaftliche Weltbeschreibungen und theologische Reformulierungen dieser Weltbeschreibungen wahr zu sein beanspruchen, inwiefern ist sie dann wahr? Inwiefern ist sie überhaupt wahr? Inwiefern hielt sie Barth selbst für wahr? Und wie kann ich behaupten, dass Karl Barths Theologie, die auf die modernen Weltbeschreibungs- und Wahrheitsetablierungsverfahren pfeift und einfach theologisch drauflos erzählt, heute noch und vielleicht gerade heute aktuell ist?

Damit meine These von der bleibenden Aktualität Karl Barths wirklich ihre Plausibilität entfalten kann, muss ich Barth ein wenig gegen den Strich bürsten und neu lesen. Denn ich gehe nicht davon aus, dass die einzige gegenwartsaktuelle Pointe von Barths theologischer Kritik aller menschlichen Verhältnisse darin besteht, Theologie als Kritik aller gesellschaftlichen und aller politischen Verhältnisse zu treiben. So sehr diese Kritik auch und gerade heute, fünfzig Jahre nach Karl Barth, nötig und sinnvoll ist, so sehr bin ich doch auch davon überzeugt, dass es in einer anderen Zeit auch andere Pointen von Barths Theologie geben muss.

Natürlich fragt es sich, ob es überhaupt möglich ist, Barth neu zu lesen, da ja eigentlich schon alles über Karl Barth geschrie-

---

25 Novalis, Heinrich von Ofterdingen, in: Schriften Erster Teil, hg. von Ludwig Tieck und Friedrich Schlegel, Berlin, 4. Aufl. 1826, 9.

ben wurde. Wer könnte die Frechheit besitzen, mit dem Anspruch daherzukommen, noch etwas Neues über diese alt gewordene Theologie zu Tage fördern zu wollen? – Andererseits hat Karl Barth selbst wie gesagt jahrzehntelang vorgemacht, dass Frechheit siegt und dass man als Theologe manchmal ein Draufgänger sein und das Kind mit dem Bade ausschütten muss, um sichtbar zu machen, was auf dem Grund der Dinge und auf dem Grund des Redens von Gott verborgen liegt. Und so wage ich denn in den folgenden Kapiteln den Versuch einer Relecture der Theologie Karl Barths. Ich weiß, dass sie einseitig ist. Aber weil Überspitzungen oft die interessantesten Diskussionen auslösen, ziehe ich die Überzeichnung der Weichzeichnung und die Zuspitzung der Ausgewogenheit vor.

Ich profiliere Karl Barth in diesem Buch als einen Denker, der die kulturellen Umbrüche des 19. und des frühen 20. Jahrhunderts auf eine theologisch sehr eigentümliche und einzigartige Weise verarbeitet und dabei Ernst gemacht hat mit der *conditio moderna*, also mit der Verfasstheit der modernen Welt und der modernen Welterkenntnis. Karl Barths Theologie ist mitnichten eine offenbarungstheologische Totalverweigerung gegenüber dem Geist seiner Zeit.[26] Sie verweigert sich nur gegenüber

---

26 Siehe dazu Hans Urs von Balthasar, Apokalypse der deutschen Seele. Studien zu einer Lehre von den letzten Haltungen, Bd. III: Die Vergöttlichung des Todes, Salzburg und Leipzig 1939, dort vor allem 346–365 unter dem Titel »Dionysische Theologie« über Karl Barths kritische dialektische Theologie. Ferner Jacob Taubes, Theodizee und Theologie: Eine philosophische Analyse der dialektischen Theologie Karl Barths, in: ders, Vom Kult zur Kultur. Bausteine zu einer Kritik der historischen Vernunft. Gesammelte Aufsätze zur Religions- und Geistesgeschichte, hg. von Aleida und Jan Assmann, Wolf-Daniel Hartwich und Winfried Menninghaus, München 1996, 212–229. Vgl. auch Dietrich Korsch, Die Moderne als Krise. Zum theologischen Begriff einer geschichtsphilosophischen Kategorie, in: Zeitschrift für dialektische Theologie 11 (1995), 43–59, sowie ders., Dialektische Theologie nach Karl Barth. Tübingen 1996, 23–40.

einer Theologie, die im zweiten Jahrzehnt des 20. Jahrhunderts ihre Zeit bereits hinter sich hatte.

Ich behaupte ferner, dass Barths Theologie insbesondere als ästhetisches Ereignis von Belang ist. Ich deute den großen Denker vor allem als großen Erzähler. Mit einem Seitenblick auf die Schriftstellerin Ingeborg Bachmann (1926–1973) und auf einen anderen großen Erzähler, den Sprachwissenschaftler John Ronald Reuel Tolkien (1892–1973), werde ich zeigen, worin das besondere theologische Potenzial der erzählenden Fiktionalisierung besteht.

Diese beiden Deutungsaspekte widersprechen der nicht selten vertretenen These, Barth habe geradezu naiv einen übernatürlichen Gott vorausgesetzt und in übernatürlicher und voraufgeklärter Weise von Gott und der Welt geredet. Ich glaube, dass dem mitnichten so ist. Der Schein trügt. Barth war alles andere als ein Supranaturalist. Er nahm den Geist seiner Zeit auf eine höchst realistische Weise in den Blick. Weil er um die Kraft von Narrativen wusste, erzählte er eine große Gegengeschichte zu den Narrativen seiner Zeit. Es ist auch eine Gegengeschichte zu den Narrativen unserer Zeit. Und weil das Anderssehen der eigenen Zeit um einer geistesgegenwärtigen Zeitgenossenschaft willen eigentlich immer an der Zeit ist, ist Barths Gegengeschichte auch heute an der Zeit.

Dass wir Bewohner des 21. Jahrhunderts Barths Theologie allenfalls als schöne Geschichte lesen können, liegt also nicht nur in der Natur des Weltbildes unserer aufgeklärten Gegenwart, sondern auch in der Natur der Theologie Karl Barths selbst. Denn der große Theologe war nicht zuletzt als großer Geschichtenzerstörer[27] und als großer Geschichtenerzähler groß. Seine Theolo-

---

27 Das Wort »Geschichtenzerstörer« verdanke ich dem Schriftsteller Thomas Bernhard (1931–1989). Siehe Thomas Bernhard, Ich bin ein Geschichtenzerstörer. Acht unerhörte Begebenheiten, Frankfurt a. M. 2008.

gie ist ein Sprachereignis – auch und gerade im literarischen Sinn der Weltschöpfung durch das Wort.

Mein Buch entfaltet aber nicht nur die These der Modernität und der Fiktionalität der Theologie Karl Barths. Es führt auch die wichtigsten Grundentscheidungen von Barths Dogmatik im Licht der Frage nach Barths Aktualität vor Augen. Was ich geschrieben habe, ist also in gewisser Weise auch als Einführung in die unbändige Theologie Karl Barths lesbar. Auch, wenn dieses Buch nicht didaktisch aufgebaut ist, sondern sich eher kreisend vorwärtsbewegt, sollten es Studierende ebenso lesen können wie nicht-akademische und nicht-theologische Leserinnen und Leser, die allen Unkenrufen zum Trotz ja vielleicht auch heute noch an substanzieller Theologie interessiert sind – und zwar an einer Theologie, die sich nicht in Religionsphänomenologie, Kulturtheorie, politischer und ethischer Bildung und auch nicht in reflexionsarmer spiritueller Erbaulichkeit erschöpft.

Nicht, dass ich das erwarten würde: Aber vielleicht fällt dieses Buch ja sogar einem jener Menschen in die Hände, die mich eines sommerlichen Abends beim Bier auf die Idee gebracht haben, mir selbst die Frage zu stellen, wie man Theologie treiben muss, um den Intensitäten und Normalitäten des wirklich gelebten Lebens gerecht zu werden oder diesem Leben zumindest nicht theologische Gewalt anzutun.

2. Radikal modern
Die Unbegründbarkeit theologischer Gewissheit

Karl Barths Theologie ist radikal modern – und zwar deshalb, weil sie radikal Ernst macht mit der Unmöglichkeit, Gottes Sein und sein Wesen unter den Erkenntnisbedingungen neuzeitlicher Wissenschaft plausibilisieren zu können. Es gibt keine experimentelle, logische, mathematische, natur- oder humanwissenschaftliche Falle, die man Gott stellen könnte. Es gibt keine Versuchsanordnung, die Gott in ähnlich unzweifelhafter Weise detektieren könnte, wie man Gravitationswellen oder die Ablenkung von Sternenlicht durch die Nähe massiver Körper in der Raumzeit detektieren kann. Ich erwähne diese beiden Vorhersagen der Allgemeinen Relativitätstheorie Albert Einsteins (1879–1955) deshalb, weil dessen weltbilderschütternde physikalische Theorie nahezu zeitgleich mit Karl Barths Erschütterung der Theologie durch seine revolutionäre Auslegung des Briefes des Apostels Paulus an die Römer entstand. Exakt einhundert Jahre, nachdem Einstein vorhergesehen hatte, dass gigantische beschleunigte oder kollidierende Massen Wellen schlagen, die die Raumzeit verformen, als wäre sie eine Wasseroberfläche, auf die ein Stein trifft, wurde seine Vorhersage experimentell bestätigt. Davon können Kulturwissenschaftler, Philosophen und Theologen nur träumen. Üblicherweise dürfen sie höchstens darauf hoffen, dass ihre Gedanken nach einem Jahrhundert noch nicht gänzlich verfallen sind und dass sich Menschen der Zukunft eines Tages nicht nur aus historischem Interesse mit ihnen beschäftigen. Im Blick auf kulturwissenschaftliche Prognosen und Theorien lässt sich allenfalls irgendwann sagen, dass sie sich eine Zeitlang bewahrheitet haben – wie etwa Samuel Huntingtons (1927–2008) Theorie der Konfrontation der Kulturen und Religionen im 21. Jahrhundert[28] – oder dass sie fehlgingen – wie etwa die These des US-amerikanischen Politikwissenschaftlers Francis Fukuyama (*1952) vom Ende der Geschichte[29] im Kapitalismus. Nur wenige große philosophische Denkgebäude trotzen beharrlich der Erosion und sind von zeitloser Gültigkeit. Gehört Barths Theologie dazu? Oder blüht ihr das Schicksal, das fast alle Avantgarden durch ihr Altern irgendwann ereilt? Was Barth dachte und schrieb, könnte zu seiner Zeit an der Zeit gewesen sein und seine Zeit gehabt haben, aber nach seiner Zeit nicht mehr an der Zeit sein.

Und dennoch: Trotz aller Vergänglichkeit geistiger Theoriebildung steht außer Zweifel, dass nicht nur Gravitationswellen und physikalische Theorien, sondern auch die Kulturwissenschaften und die Theologie die Welt verformen, in der wir leben. Nur tun sie dies anders. Das heißt nicht, dass sie weniger wirkmächtig wären. Theologische Weltbildverformungen sind nur eben weniger spektakulär, weil sie jener direkten und unmittelbaren Nachweisbarkeit entbehren, die wir den mathematischen und naturwissenschaftlich-experimentellen Wahrheitssicherungsverfahren zusprechen. Was ins Netz der Physi-

---

28 Samuel Huntington, The Clash of Civilizations and the Remaking of World Order, New York 1996.
29 Francis Fukuyama, The End of History and the Last Man, New York 1992.

ker[30] und Mathematiker geht, halten viele für wirklicher als jene Wahrheiten, die die Dichtung, der Mythos oder die Spekulation über Gott und die Welt zu Tage fördern. Was durch soziologische oder medizinische Verfahren empirisch messbar, evaluierbar und diagnostizierbar ist, überzeugt die meisten Menschen unmittelbarer als das, was andere glaubend für wahr halten. Was nicht durch Beweise »erhärtet« werden kann, obwohl es vielleicht instinktiv und intuitiv einleuchtet, ist für viele nicht wirklich real. Die theologische und die philosophische Spekulation muss mit dem Vorwurf der exakten Natur- und Humanwissenschaften leben, ein weiches Element zu sein, in das sich – mit dem Philosophen Georg Wilhelm Friedrich Hegel (1770–1831) gesprochen – alles Beliebige einbilden lässt. Einen »harten« Beweis dafür, dass es Gott gibt und dass er so ist, wie irgendein Theologe ihn gedacht hat, muss auch die ausgeklügeltste Theologie bis in alle Ewigkeit schuldig bleiben. Und wenn eine Falle gestellt werden könnte, in der sich Gott einfangen ließe, dann wäre jene Wirklichkeit, die in diese Falle ginge, vermutlich nicht Gott, sondern ein Gottessurrogat, mit dem sich aber ja vielleicht diejenige moderne Theologie abzufinden bereit ist, die es aufgegeben hat, von jenem Gott zu reden, der so schwer zu fassen ist.

Das Credo Karl Barths bestand in jedem Augenblick seiner jahrzehntelangen theologischen Gedankenproduktion in ebendieser Überzeugung, dass kein Mensch Gott eine Falle stellen kann und dass ein Gott, der in eine solche Falle ginge, kein Gott wäre. Genau diese Erkenntnisproblematik führte Barth aber nicht dazu, die Theologie aufzugeben – im Gegenteil: Er machte es sich zur Aufgabe, dennoch von Gott zu reden. Was, wenn nicht das Wort Gottes, sollte die Aufgabe der Theologie sein? In seinem Vortrag »Das Wort Gottes als Aufgabe der Theologie« brachte Barth im Jahr 1922 seine Erkenntnismaxime und deren

---

30 Siehe dazu Hans-Peter Dürr, Das Netz des Physikers. Naturwissenschaftliche Erkenntnis in der Verantwortung, München 1990.

Konsequenz in seinen vielleicht berühmtesten Sätzen auf den Punkt: »*Wir sollen als Theologen von Gott reden. Wir sind aber Menschen und können als solche nicht von Gott reden. Wir sollen beides, unser Sollen und unser Nicht-Können, wissen und eben damit Gott die Ehre geben.* Das ist unsre Bedrängnis. Alles Andre ist daneben Kinderspiel.«[31]

Karl Barth war ein reformierter Theologe. Insbesondere in der Phase seiner radikalen negativ-dialektischen Theologie hielt er sich an eines der zentralen erkenntnistheoretischen Axiome des calvinistischen reformierten Protestantismus: »Finitum non capax infiniti«. Das Endliche kann das Unendliche nicht fassen. Der Unterschied zwischen Gott und Mensch ist kategorial. Man könnte Barths Satz, der das Verhältnis von Gott und Welt grundsätzlich und ewiggültig zu beschreiben beansprucht, natürlich hinterfragen. Woher wussten Johannes Calvin (1509–1564) und Karl Barth, dass Gott ganz anders ist und dass wir das Göttliche nicht mit unseren menschlichen Sinnesorganen erfassen können? Woher wissen wir, dass Gott sich nicht verändert? Er könnte es ja tun und beispielsweise Mensch werden. – Barth hatte eine einfache, freilich gedanklich hart erkämpfte Antwort darauf. Er behauptete, dieser Satz sei kein Satz menschlichen Ermessens, sondern eine Gewissheit, die aus Gottes Offenbarung resultiert. Gott selbst offenbart, dass er ganz anders ist.

Dass vor allem in der zweiten, fundamental überarbeiteten Auflage von Barths Römerbriefkommentar ununterbrochen irdische, menschliche, gesellschaftliche, politische, ethische und theologische Gewissheiten so in Schutt und Asche gelegt werden, als führe Barth eine Art Ersten Weltkrieg gegen die Theologie und gegen die Kirche seiner Zeit, wird von Karl Barth auch als Konsequenz einer kreuzestheologischen Zuspitzung der Offenbarung

---

31 Karl Barth, Das Wort Gottes als Aufgabe der Theologie, in: ders., Vorträge und kleinere Arbeiten 1922–1925 (Karl Barth-Gesamtausgabe Bd. 19), hg. von Holger Finze, Zürich 1990, 144–175, hier 151.

Gottes zur Sprache gebracht. Denn Barth zufolge ist es Christus – insbesondere der tote Christus am Kreuz –, der die Krise alles Menschlichen verursacht und offenbart. Und dieser gekreuzigte, nicht mehr schöne Gott ist dann auch das Ende der schönen, kulturell und religiös siegesgewissen theologischen Erzählungen. Die ungebrochene, moralisch optimistische Gottesrede, die Gott im 19. Jahrhundert zur Substanz und zum Sediment der europäischen Hochkultur erklärte, wurde von Karl Barth expressionistisch zertrümmert. Sein zweiter Römerbriefkommentar ist Zeugnis einer Menschheits- und einer Götterdämmerung. Er liest sich, wie sich expressionistische Kunstwerke eben lesen, betrachten oder anhören: als würde man die Natur auf einmal durch Glasbausteine hindurch sehen und als hätte die Schallplatte mit der harmonischen Musik auf einmal einen Sprung bekommen, der nurmehr verzerrte Töne und Dissonanzen ans Ohr dringen lässt.

Der wahre Expressionist ist bei Karl Barth aber Gott selbst. Er offenbart sich in Barths Theologie der Jahre 1916 bis 1922 als der eigentliche expressionistische Zertrümmerer[32], der von der menschlichen Kultur, Zivilisation, Moral und Theologie keinen Stein auf dem anderen lässt, sondern das Jüngste Gericht an ihnen übt.

Das Jüngste Gericht einer Menschheitsdämmerung[33] sehnten auch viele expressionistische Künstler herbei. Sie begrüßten den Ersten Weltkrieg emphatisch als Purgatorium der dekadent gewordenen bürgerlichen europäischen Kultur. Der Maler Franz Marc (1880–1916), der vor Verdun fiel, schrieb während des Krieges auf einer Postkarte an Wassily Kandinsky (1866–1944):

32 Siehe Frisch, Theologie im Augenblick ihres Sturzes, 131–212.
33 Diesen Titel trägt die vom Schriftsteller und Journalisten Kurt Pinthus (1886–1975) edierte Anthologie expressionistischer Lyrik. Kurt Pinthus (Hg.), Menschheitsdämmerung. Symphonie jüngster Dichtung, Berlin 1920.

»[M]ein Herz ist dem Krieg nicht böse, sondern aus tiefem Herzen dankbar, es gab keinen anderen Durchgang zur Zeit des Geistes, der Stall des Augias, das alte Europa konnte nur so gereinigt werden, oder gibt es einen einzigen Menschen, der diesen Krieg ungeschehen wünscht?«[34]

Barth hatte anders als viele Künstler des Expressionismus den Ausbruch des Ersten Weltkriegs niemals willkommen geheißen. Er bezeichnete ihn schon früh als »*dies ater*«[35], also als schwarzen Tag. Seiner eigenen Erinnerung nach war Barth bereits zu Beginn des Kriegstreibens so desillusioniert, wie viele Expressionisten, sofern sie den Krieg überlebten, es am Ende waren. Dabei führte Barth selbst begeistert Krieg – nur eben auf theologische Weise. Denn Barths »Römerbrief« war seinerseits von kriegerischer Zerstörungsgewalt. Die Reinigung, die sich viele Expressionisten vom Fegefeuer eines gewaltigen militärischen Ereignisses versprachen, besorgte Karl Barth mit theologischen Worten. Diese Worte schärften mit expressionistischem Gestus, expressionistischem Pathos und expressionistischem Vokabular ein, dass von Gott nur als Negation alles Menschlichen die Rede sein kann.

Das Zerstörungswerk des Ersten Weltkrieges offenbarungstheologisch zu rekonstruieren und zu dekonstruieren, war ein genialer und epochaler theologischer Schachzug Karl Barths. Dieser Schachzug leistete mindestens zweierlei und bleibt darin beispielhaft für jede künftige Theologie, die nicht vor den neuesten Erkenntnissen ihrer Zeit in die Nische zwischenmenschlicher Betulichkeit, individueller Sinndeutungen[36] und moralischer Appelle zurückweichen will. Zum einen verschanzte sich Barth

---

34 Franz Marc, Briefe, Schriften, Aufzeichnungen, Leipzig 1989, 205–206.
35 Karl Barth, Nachwort zur Schleiermacher-Auswahl, 293.
36 Vgl. dazu auch Thomas Thiel, Man scheue die nihilistischen Herausforderungen nicht, in: Frankfurter Allgemeine Zeitung, 14. Dezember 2016, 9.

theologisch nicht in einem Schützengraben, in dem er sich gegen den Geist seiner Zeit verteidigte. Er machte vielmehr gemeinsame Sache mit dem Angreifer. Er versuchte gar nicht erst, die Kriegsverletzung der europäischen Kultur mit den vertrauten humanistischen, moralischen, wertphilosophischen und fortschrittstheologischen Heilmitteln des 19. Jahrhunderts zu behandeln. Auch unternahm er es nicht, die spätestens mit der Philosophie Friedrich Nietzsches (1844–1900) manifest gewordene Erosion philosophischer, kultureller und ethischer Gewissheiten der neuzeitlichen Kultur durch die Konstruktion von Dämmen und Vermauerungen aufzuhalten. Er beharrte nicht auf der unproblematischen Erkennbarkeit Gottes und auf der allgemeinen Eingängigkeit des Redens von Gott, sondern teilte das Ringen der literarischen Moderne, Worte zu finden, die der verlorengegangenen Selbstverständlichkeit eines ungebrochenen Verhältnisses von Sprache und Wirklichkeit Rechnung trugen.[37] Er unterließ es, dem neuzeitlichen Menschen Gott so anzudemonstrieren, dass diesem Menschen die Existenz eines guten Gottes gleichsam als natürliche Gegebenheit einleuchtete. Barth verstrickte sich – einmal mehr militärisch gesprochen – nicht in Rückzugsgefechte. Er ging zum Angriff über, indem er die Gottesvergessenheit und Gottlosigkeit der Moderne ebenso wenig wie nach ihm Dietrich Bonhoeffer zu problematisieren versuchte, sondern hinnahm, ja theologisch überbot. Genau darin aber zeigte er sich als höchst zeitgemäßer theologischer Denker. Zeitgemäß allerdings nicht im Sinne des damals theologisch modernen kulturprotestantischen Vorhabens seiner Väter, Gott als Bindemittel einer Kultur gesellschaftlich und politisch anschlussfähig zu machen, an deren Wesen die Welt genesen soll. Zeitgemäß vielmehr im Sinne der neuen expressionistischen Zeit, in der die Naturwissenschaften,

---

[37] Siehe exemplarisch Silvio Vietta, Die literarische Moderne. Eine problemgeschichtliche Darstellung der deutschsprachigen Literatur von Hölderlin bis Thomas Bernhard, Stuttgart 1992.

die Philosophie, die Literatur, die Kunst, das Theater und die Musik aus einer tiefen Irritation der Welt- und Selbsterkenntnis heraus Neues, nie Gesehenes zu Tage förderten.[38] Karl Barth knüpfte nicht an die philosophische Staats- und Gesellschaftsbejahung Hegels, auch nicht an Friedrich Schleiermachers (1768–1834) Rekonstruktion der Theologie als Subjekttheorie religiöser Erfahrung und ebenso wenig an Karl Marx' (1818–1883) Traum einer revolutionären Höherentwicklung des Menschengeschlechts an, sondern am ehesten an Friedrich Nietzsches und Franz Overbecks (1837–1905) Infragestellung von allem, was das abendländische Menschen-, Gesellschafts-, Gottes- und Moralverständnis im Innersten zusammenhielt. Wäre Karl Barth Physiker gewesen, dann wäre seine Radikalisierung der Bodenlosigkeit des abendländischen Weltempfindens Albert Einsteins und Max Plancks (1858–1947) physikalischen Destabilisierungen des überkommenen Weltbildes näher gewesen als der »alten« Physik Isaac Newtons. Einstein, Planck und nach ihm Werner Heisenberg (1901–1976) hatten relativitätstheoretisch und quantenmechanisch Raum, Zeit, Kausalität und Wirklichkeit anders zu sehen gelehrt als die Wissenschaftler in den Jahrhunderten, ja Jahrtausenden vor ihnen. Dass weder der Raum noch die Zeit die unveränderliche, absolute Bühne des Weltgeschehens darstellen und dass Elementarteilchen keine Dinge sind, die sich zu einer bestimmten Zeit an einem bestimmten Ort befinden, muss für die Menschen, die diese Erkenntnisse erstmals wirklich verinnerlichten, genauso ein Schock gewesen sein wie Nietzsches schwindelerregende Demaskierung aller kulturellen Konstanten und wie die Zerstörung des perspektivischen Bildraums durch die kubistische Kunst Pablo Picassos (1881–1973). Man kann den Karl Barth des zweiten »Römerbriefs«, dessen negative theolo-

---

38 Den Geist dieser Zeit hat Florian Illies (*1971) sehr lesenswert eingefangen. Siehe ders., 1913. Der Sommer des Jahrhunderts, Frankfurt a. M. 2012.

gische Dialektik »ein grauenerregendes Schauspiel für alle nicht Schwindelfreien«[39] bietet, problemlos in diese Reihe der *enfants terribles* der europäischen Kultur des frühen 20. Jahrhunderts einordnen.

Ob er das selbst so sah? Wahrscheinlich war er der gärenden Realität der ästhetischen und naturwissenschaftlichen Moderne nicht nahe genug. Und selbst wenn er es gewesen wäre: Er hätte sich beeilt, seine Differenz zu ihr zu markieren. Jedenfalls dachte er im Traum nicht daran, sein theologisches Axiom des unendlichen qualitativen Unterschieds zwischen Mensch und Gott als charakteristisch moderne, zeitgemäße und zeitgebundene Einsicht zur Sprache zu bringen. Barth wies die neuzeitliche Säkularisierung der Erkenntnistheorie und den radikalen Erkenntnisgewissheitsverlust der Moderne vielmehr als grundsätzliche theologische Wahrheit aus, die sich der Offenbarung Gottes verdankt. Darin unterschied sich Karl Barth von seinen intellektuellen Zeitgenossen und von dem bereits zitierten Romantiker Novalis, der die Tatsache, dass der unmittelbare Verkehr mit dem Himmel nicht mehr stattfindet, als Signatur »der Zeit, in der wir leben«, bezeichnet hatte – also der Moderne, in der alles im Menschen und außerhalb des Menschen allenfalls einen verlorenen Gott anzeigen kann. So jedenfalls notierte es der Universalgelehrte Blaise Pascal (1623–1662) in seinen »*Pensées*«[40] bereits im 17. Jahrhundert. – Und weil Gott für den Menschen *perdu*, also verloren ist, wird der Mensch in dieser Moderne Schritt für Schritt immer mehr zu einem Wesen der radikalen Diesseitigkeit. Nichts, was er tut, was er lässt, was er denkt, was er erkennt und was er erfährt, vermag ihn aus dem stählernen Gehäuse einer Welt zu befreien, aus dem Immanuel Kant (1724–1804) am Ende des 18. Jahr-

---

39   So Barth, Das Wort Gottes als Aufgabe der Theologie, 167.
40   Blaise Pascal, Pensées, hg. von Léon Brunschvicg, Paris 1897, 102. »[L]a nature est telle, quelle marque partout un Dieu perdu, et dans l'homme et hors de l'homme […].«

hunderts die Möglichkeit der Erkenntnis irgendeiner metaphysischen Realität konsequent ausgeschlossen hatte. Alles, was wir wahrnehmen, so Kant, nehmen wir mit unseren Sinnesorganen wahr. Was nicht den Weg über unsere Sinnesorgane nimmt, kann für uns in dieser Welt nicht zur Erscheinung gelangen. Zugleich führen uns diese Sinnesorgane keinen Deut über die raumzeitliche Welt hinaus, in der diese Sinnesorgane sich evolutionär herausgebildet und immer bessere Orientierung ermöglicht haben. Wir können uns Kant zufolge zwar viel denken und also auch über Gott und die Unsterblichkeit der Seele philosophieren. Wir können Gott, Unsterblichkeit und Freiheit auch postulieren, also zur Voraussetzung unseres Denkens machen. Aber zweifelsfrei, allgemeinverbindlich und nachvollziehbar erkannt sind all diese Wesenheiten damit nicht. Auch glauben können wir viel, aber wir können damit keinerlei Anspruch auf eine Gewissheit erheben, die mehr wäre als eine subjektiv behauptete Gewissheit. Und eben darin besteht die *conditio moderna*: Die Welt ist die Welt, und weil Gott kein Element dieser Welt ist, hat objektivierbare Gotteserkenntnis in dieser Welt keinen möglichen Ort – anders als in der mittelalterlichen Scholastik, die von einer Seins- und Erkenntnisharmonie zwischen Natur und Gnade ausging und für die Gott selbstverständlich als Zugrundeliegendes (»*subiectum*«) und eigentliches Subjekt der Natur gegeben war. In der Philosophie der Moderne wird Gott mit der gleichen Selbstverständlichkeit bestritten, wie er in der Philosophie des Mittelalters vorausgesetzt worden war.

Dass der unmittelbare Verkehr des Menschen mit dem Himmel nicht mehr stattfindet und wir als Menschen nicht von Gott reden können, ist also eine epochenprägende moderne Einsicht und nicht nur eine individuelle, sondern eine kollektive Erfahrung der aufgeklärten Moderne, die von der gegenwärtigen Wiederkehr einer autoritären, ja totalitären Gestalt von Religion im Islam genau deshalb so irritiert und überfordert ist, weil deren Anti-Säkularität dem Selbstverständnis eines säkularen, also eines weltlichen Zeitalters[41] zutiefst widerspricht. Karl Barth nahm die Säkularität dieser Moderne jedenfalls radikal ernst. Er nahm sie allerdings nicht als charakteristische Signatur der Moderne ernst und auch nicht als solche wahr – nicht zuletzt deshalb, weil ihm klar war, dass es in der Menschheitsgeschichte bisher noch niemals ein Zeitalter gab, das nicht säkular war: »Dass die Welt säkular ist, ist nichts Besonderes. Was ist damit gesagt, als dass die Welt die Welt ist? Sie war immer säkular: kein größerer Irrtum, als dass sie es etwa in dem vielgerühmten Mittelalter nicht gewesen sei!«[42]

Gerade als kirchlicher Theologe, der davon überzeugt war, dass die Kirche der Welt etwas zu sagen hat, das sich diese Welt selbst nicht sagen kann, war Barth ein säkularer Theologe – ein säkularer Theologe freilich, der die christliche Kirche entschieden davor warnte, ihre eigene Botschaft billig zu säkularisieren, damit ihr der sogenannte säkulare Mensch unserer Zeit umso besser auf den Leim geht: »Wenn […] die Kirche säkular wird, dann geschieht das größte für die Kirche *und* für die Welt denkbare Unglück. Sie wird dann, wo sie Kirche *für* die Welt, *für* das Volk, auch *für* die Kultur, auch *für* den Staat sein dürfte und müsste, *Welt*kirche, *Volks*kirche, *Kultur*kirche, *Staats*kirche. Sie verliert dann ihr spezifisches Gewicht, ihren Sinn und ihre Existenzberechtigung.«[43]

Und dennoch: Karl Barths Theologie ist moderne Theologie nicht gegen, sondern für die säkulare Welt. Sie ist Theologie am Puls der Zeit, ohne sich dieser Zeit anzubiedern. Und solange sich diese Zeit als eine Zeit in der Tradition der europäischen Aufklärung versteht, die Gott für tot erklärt und daher keinem Argument Glauben schenken wird, das für Gott spricht, bleibt Barths Theologie der radikalen theologischen Überbietung der

---

41 Siehe dazu Charles Taylor, A Secular Age, Cambridge 2007.
42 Karl Barth, Kirchliche Dogmatik Bd. IV,2, Zürich 1955, 756.
43 Ebd.

Gottlosigkeit der säkularen modernen Welt aktuell und zugleich ein kritisches Korrektiv jeder plumpen, naiven oder reaktionären Aktualisierung des religiösen Redens.

Ich will an dieser Stelle die erkenntnistheoretische Problematik der Neuzeit noch etwas vertiefen und im Folgenden einen Blick darauf werfen, welche Formen von Gewissheit sich in unserer modernen Epoche herauskristallisiert haben und wie sich die Theologie dazu verhalten kann, wenn sie in einer aufgeklärten Welt, für die Gott gestorben ist, dennoch von Gott reden will.

Von der mathematisch-naturwissenschaftlichen Gewissheit der Berechnung und des wiederholbaren Experiments war ja bereits die Rede. Der Theologie steht die Möglichkeit naturwissenschaftlicher Evidenzsicherung wie gesehen aber nicht zu Gebote. Natürlich kann sie es unternehmen, Gott dennoch aus der Natur herauszulesen, die Ordnung der Dinge als Ordnung der Schöpfung theologisch zur Sprache zu bringen und das Ganze der Natur als Ausdruck des schöpferischen Geistes Gottes zu plausibilisieren. Weil sie dafür aber keine starken, naturwissenschaftlicherseits wirklich für triftig gehaltenen Argumente hat, muss die Strategie der natürlichen Theologie in den Augen der Naturwissenschaften als willkürliche Interpretation, als Postulat und als Projektion erscheinen.

Wenn die naturwissenschaftliche und die naturtheologische Weise der Gewissheitsbeschaffung für die Theologie entfallen, befindet sich die Theologie jedoch noch lange nicht in einer Sackgasse. Oder anders gesagt: Auch daraus, dass sie sich in einer Sackgasse befindet, könnte sie theologisches Kapital schlagen. Sie könnte wie der frühe Barth sagen, dass man sich als Theologe, der über Gott reden will, nirgendwo anders befinden kann als in einer Sackgasse. Und so könnte die Theologie schlicht und einfach die Unerkennbarkeit Gottes behaupten und im Sinne der letzten Sätze des Tractatus logico-philosophicus des Philosophen Ludwig Wittgenstein (1889–1951) sagen: »Es gibt allerdings Unaussprechliches. Dieses *zeigt* sich, es ist das Mystische […]. Wovon man nicht sprechen kann, darüber muss man schweigen.«[44] Angesichts der Unmöglichkeit, Gott diesseits des Horizontes unserer Welt abzubilden, könnte der Glaube eine Lanze für eine negative Theologie brechen, die konsequent mit der Ungegenständlichkeit Gottes für unsere Erkenntnis Ernst macht und ebenso konsequent davon überzeugt ist, dass wir schlechterdings nicht von Gott reden können. Was Immanuel Kant und der junge Karl Barth behaupteten, behauptet folglich auch eine Theologie, die aufhört, von Gott zu reden: dass kein intellektueller, allenfalls ein mystisch-meditativer Verkehr zwischen Gott und Mensch stattfinden kann. Wobei Barth dies wie gesehen dialektisch oder besser gesagt christologisch relativierte. Denn er beanspruchte ja gerade zu wissen, dass das Zunichtemachen der positiven Erkennbarkeit Gottes durch Gott selbst erfolgt. Die von Barth im Römerbriefkommentar so genannte »Verwüstungszone«[45] ist nicht das Werk irgendeines menschlichen Alleszermalmers[46] – was sie im Falle Barths aber natürlich ist –; sie ist vielmehr der Einschlagtrichter des göttlichen Alleszermalmers. Dass Gottes einzige Spur in der Welt die Negativität sein soll und dass sich in dieser Negativität die Liebe Gottes verbirgt, ist für den gesunden Menschenverstand freilich schwer nachzuvollziehen. Es kann theologisch aufgeschlossenen Geistern allenfalls dann einleuchten, wenn man es am Bild des Kreuzes Christi illustriert. Dass auf Golgata der liebende Gott unter seinem Gegenteil erscheint, ist jedenfalls die Pointe von Martin Luthers (1483–1546) sogenannter *theologia crucis*.

---

44 Ludwig Wittgenstein, Tractatus logico-philosophicus, Werkausgabe Bd. 1, Frankfurt a. M., 7. Aufl., 1990, 85.
45 Karl Barth, Der Römerbrief. Zweite Fassung 1922, 27.
46 So der Philosoph Moses Mendelssohn (1729–1786) über den Metaphysikkritiker Immanuel Kant. Siehe Moses Mendelssohn, Morgenstunden oder Vorlesungen über das Daseyn Gottes, hg. von Michael Holzinger, Berliner Ausgabe, Stuttgart-Bad Cannstadt, 2. Aufl. 2014, 3.

Nach 1918 glich ganz Europa einer Schädelstätte. Das reflektiert sich in Barths zweitem »Römerbrief«. Dort ist die ganze Welt zur Schädelstätte geworden, in deren Negativität sich freilich nicht nur der Zerstörungstrieb des Menschen, sondern Gott selbst *sub contrario*, unter dem Gegenteil seiner selbst offenbart. Ich werde auf Barths negative Theologie der Krise im nächsten Kapitel noch ausführlicher zu sprechen kommen.

Wenn man der positiven Undarstellbarkeit Gottes innerhalb der Matrix des modernen Weltbildes weder durch theologisches Schweigen noch dadurch Rechnung tragen will, dass man die Negativität zur Spur Gottes erklärt, muss man sich als Theologe auf die Suche nach anderen Formen der Gottesgegenwart machen. Oder anders gesagt: Man kann sich von Gott auf andere Weise finden lassen als in der Sprache und mit den Suchwerkzeugen einer kopfgesteuerten akademischen Theologie. Um dies zu bewerkstelligen, bietet sich für den modernen Menschen seit der kopernikanischen Wende der neuzeitlichen Erkenntnistheorie insbesondere der Weg subjektiver Erfahrung an.

Der frühneuzeitliche Philosoph René Descartes (1596–1650) hatte das Ich, das an allem zweifeln kann außer daran, dass das Ich in diesem Augenblick zweifelt[47], zur Letztbegründungsinstanz aller Erkenntnis gemacht. Kant griff dies wie gesehen auf, und Schleiermacher schlug daraus theologisches Kapital, indem er der Religion »eine eigene Provinz im Gemüthe«[48] zurückeroberte, nämlich die Provinz des unmittelbaren religiösen Gefühls, an dem das Subjekt, das dieses Gefühl empfindet, nicht zweifeln

---

47 René Descartes, Die Prinzipien der Philosophie, Amsterdam 1644, Kap. 1 (»Über die Prinzipien der menschlichen Erkenntnis«), Abs. 7. Vgl. auch ders., Philosophische Schriften in einem Band, Hamburg, 1996, Discours de la methode, Teil 4, Abschnitt 3, 55.

48 Friedrich D. E. Schleiermacher, Über die Religion. Reden an die Gebildeten unter ihren Verächtern (1799), in: ders., Kritische Gesamtausgabe, Bd. I/2: Schriften aus der Berliner Zeit 1769–1799, hg. von Günter Meckenstock, Berlin und New York 1984, 204.

kann. Denn wer könnte sich täuschen, wenn er fühlt, dass er gerade Schmerzen hat, verliebt ist oder todtraurig ist? In Sachen Gefühlen kann offenbar niemand besser als der Fühlende selbst wissen, was er fühlt. Wenn wir fühlen, sind wir die Letztinstanz unserer Gefühle. Umgekehrt werden wir niemals wirklich wissen können, was und wie andere fühlen – ebenso wenig, wie wir jemals wissen werden, wie es ist, eine Fledermaus zu sein.[49]

Die Entdeckung subjektiver Gefühlsunmittelbarkeit als Fixpunkt religiöser Gewissheit hat aber natürlich einen hohen Preis. Sie geht auf Kosten der Mitteilbarkeit des emotional als unbezweifelbar wahr Empfundenen. Objektive oder zumindest intersubjektive Unbezweifelbarkeit lässt sich durch den Rückzug auf eine so unzweifelhafte wie unvermittelbare persönliche Erfahrung nicht herstellen. Wer aber mit der Idee objektiver Eindeutigkeit in der Moderne ohnehin abgeschlossen hat, den muss das nicht weiter stören. Ihm genügt subjektive Evidenz – gerade auch im Blick auf religiöse Erfahrung. Auch in Sachen religiöser Wahrheit gilt ja, was am Ende vieler ethischer Debatten unserer Tage steht, nämlich der Satz »Das muss jeder für sich selbst entscheiden« – oder eben empfinden.

Weil subjektive Gefühle unter den Erkenntnisbedingungen der Moderne gewisser sind als alles gedachte oder für wahr gehaltene Metaphysische – auch, wenn wir selbstverständlich behaupten können, dass kein anderer als Gott selbst das Woher dieser Gefühle ist – löst in der Moderne die Intensivierung des Lebens die Transzendierung des Lebens als Heilsweg ab. Der junge französische Philosoph Tristan Garcia (*1981) hat dies in seinem Essay »Das intensive Leben« eindrucksvoll gezeigt. »Was wir«, so Garcia, »als erstrebenswertes Gut erhoffen können, was wir für das Schönste und Wahrste halten, das, woran wir glauben, ist die

---

49 Siehe dazu den berühmten philosophischen Essay von Thomas Nagel, Wie ist es, eine Fledermaus zu sein? / What is it like to be a Bat?, Englisch / Deutsch, Stuttgart 2016.

Intensivierung dessen, was schon existiert. Die Intensivierung der Welt, die Intensivierung unseres Lebens. Dies ist die große moderne Idee. Sicher ist, dass es in dieser Idee der Intensität, wenn wir sie von weitem betrachten, kein Heil und keine Weisheit gibt. Sie ist keine Verheißung eines anderen Lebens, einer anderen Welt.«[50]

Dass die Verheißung einer anderen Welt aus dem Jenseits ins Diesseits befördert und die religiöse Projektion Gottes zum Projekt des die Klassenverhältnisse umstürzenden Menschen werden muss, war im 19. Jahrhundert die Überzeugung des Marxismus. Dessen Gewissheitsherstellungsstrategie bestand in der Verdiesseitigung der bis dato religiös artikulierten Hoffnungen. Mit anderen Worten: Das Reich Gottes sollte auf dem politischen Weg des Umsturzes der ökonomischen Besitzverhältnisse auf Erden verwirklicht werden. Karl Barth wandte sich in seiner negativ-dialektischen Frühphase sowohl von der Verwandlung religiöser Gewissheit in ein Persönlichkeitsmerkmal individueller Subjekte als auch vom Weltveränderungs- und Weltrettungspathos des religiös gewandeten Sozialismus ab. Trotz seiner lebenslangen Sympathie für die Sozialdemokratie und trotz des gesellschaftskritischen Zugs seiner Theologie erlag Barth nicht der Versuchung, Erlösung zur Weltgestaltung zu ermäßigen und Soteriologie in Sozialpolitik einzudampfen. Barth ließ sich nicht dazu hinreißen, Dogmatik in Ethik aufzulösen.

Seit Kant ist dies für die Theologie allerdings naheliegend und verführerisch. Kant forderte, dass alles, was aus der Perspektive aufgeklärten Menschseins theologisch Substanz haben soll, zuvor durch den Filter des Moralgesetzes gelaufen sein muss. Das Einzige, was nach Kant in der aufgeklärten abendländischen Welt in Sachen Religion noch auf Konsens stoßen kann, ist also das Ethische. Lassen sich dann aber die erkenntnistheoretischen Plau-

---

50 Tristan Garcia, Das intensive Leben. Eine moderne Obsession, Berlin 2017, 26.

sibilisierungsprobleme der Theologie nicht am besten dadurch lösen, dass man in der Ethik die wahre Gestalt der Dogmatik erkennt und nurmehr ethisch kommuniziert? Viele Kritiker dieser Transformation moderner Theologie in Ethik werden gegenwärtig nicht müde anzumerken, dass die Ethisierung der Religion eine Form der Herstellung verbindlicher Evidenz ist, die zwar in den liberalen Gesellschaften des sogenannten aufgeklärten Westens aufgrund ihrer kollektiven Anschlussfähigkeit einigermaßen plausibel, aber sehr teuer erkauft ist. Bezahlt wird sie nämlich mit der Preisgabe nahezu jeglichen Anspruchs auf theologische Wirklichkeitsdeutung – anders gesagt: mit der Preisgabe eines Redens von Gott, das von der Idee einer nicht in ethische Energie zu übersetzenden Wirklichkeit zehrt. Wer Religion, Glaube, Dogmatik und auch das Evangelium selbst auf Ethik reduziert, um ihr Weiterleben nach dem Tod Gottes zu gewährleisten, läuft Gefahr, einzig die Universalität der Menschenrechte und des Humanismus zum Ort der wirklichen und wirksamen Gegenwart Gottes zu erheben und sich alles von der Veränderung dieser Welt zu versprechen, die anders, als ihr Schöpfer in Genesis 1 anerkennend feststellt, nicht sehr gut ist, sondern durch menschliche Bemühung erst sehr gut werden muss.

Als Barth sich vom religiösen Sozialismus abwandte und einen anderen, nicht politischen Weg theologischer Gewissheitsfindung einschlug, wandte er sich – befeuert durch Nietzsche und die Katastrophe des Krieges – auch vom Weg der Moralisierung der Theologie ab. Er konnte angesichts des Ersten Weltkrieges nicht mehr an den Gott seiner Väter und deren Vergöttlichung des Guten, Wahren, Schönen und Humanen glauben. Mit anderen Worten: Er konnte nicht mehr an den edlen, hilfreichen und guten Menschen glauben. An Gott aber wollte er glauben. Und dies war in einer Zeit der Krise offenbar theologisch am ehesten dadurch zu bewerkstelligen, dass man ganz im Sinne der alttestamentlichen Propheten Gott selbst die Krise verursachen ließ. Ich werde später noch auf Barths Moralkritik zurückkommen.

Wenn die Theologie die letzten beiden beschriebenen Wege der Gewissheitsfindung nicht wählt, also sowohl den Pfad emotionaler Letztinstanzlichkeit als auch das Schaffen vollendeter Tatsachen durch politische Reform oder Revolution links liegen lässt, dann bleibt ihr eigentlich in der Tat nur der von Barth schließlich beschrittene Weg. Will die Theologie sich treu bleiben und sich als Rede von Gott verstehen, dann wird sie dazu neigen, religiöse Ideen, Einsichten und Visionen als Offenbarungen Gottes theologisch zu autorisieren. Wenn aber die Theologie den Geist Gottes als Letztinstanz aller Gewissheit und als Offenbarer aller Gotteserkenntnis reklamiert, immunisiert sie sich gegen Gegenargumente. Das ist die Stärke, freilich auch die Schwäche der Offenbarungstheologie. Und es ist dieselbe Schwäche wie die Schwäche der Gewissheitsbeschaffung durch subjektive Emotion. Auch die offenbarungstheologische Form theologischer Evidenzsicherung muss unter den Bedingungen moderner Wirklichkeitserkenntnis ja unweigerlich als Subjektivismus und Konstruktivismus erscheinen.[51] Denn wer wollte beweisen, dass die sogenannte Offenbarung mehr ist als der Versuch der Legitimierung einer persönlichen Erkenntnis oder einer persönlichen Erfahrung durch eine höhere, sich jeglicher Überprüfung entziehende Instanz? So tiefschürfend die Einsichten sein mögen, zu denen die Theologie auf offenbarungstheologischem Weg gelangt, so unmöglich ist es ja doch für sie, die Natur der Dinge und das, was die Welt im Innersten zusammenhält, in ähnlich zweifelsfreier und kollektiv unhinterfragter Weise wie etwa die Naturwissenschaften aufzudecken.

---

51 Einer der instruktivsten Beiträge zu dieser Thematik stammt von Günter Thomas. Siehe Günter Thomas, Karl Barths pneumatologischer Realismus und operativer Konstruktivismus, in: Werner Thiede (Hg.), Karl Barths Theologie der Krise heute. Transfer-Versuche zum 50. Todestag, Leipzig 2018, 87–101.

Karl Barths Theologie sowohl der kritischen Frühphase insbesondere des zweiten »Römerbriefs« als auch seiner reifen Phase der »Kirchlichen Dogmatik« folgt dem soeben beschriebenen Verfahren offenbarungstheologischer Gewissheitssicherung. Barth selbst beharrte stets darauf, als Offenbarungstheologe verstanden werden zu wollen. Gott, so Barth, kann niemals ein Gegenstand und ein Objekt menschlicher Erkenntnis werden. Wäre er das, wäre er nicht Gott. Gott ist er nur dann, wenn er unverfügbares Subjekt und lebendiger Herr der Gotteserkenntnis bleibt. Und Herr der Gotteserkenntnis bleibt er nur dann, wenn er Gotteserkenntnis gewissermaßen im Alleinauftrag, also als einziger Offenbarer dieser Erkenntnis vermittelt. – Wenn er aber nicht als Erkenntnissubjekt in Erscheinung tritt? Dann findet, wie es mit Monopolen eben so ist, keine Gotteserkenntnis statt. Auch darauf werde ich an anderer Stelle noch zurückkommen.

Ich habe mich oft gefragt, ob die offenbarungstheologische Lesart tatsächlich die einzige Interpretationsmöglichkeit der Gotteserkenntnisstrategie Karl Barths ist. Ich will diese Frage in diesem Buch so beantworten, dass ich das bezweifle und Barth gegen Barth lese. Ehrlich gesagt habe ich keine wirklich triftigen Gründe dafür, sondern folge eher einer Intuition. Ich erlaube mir diese Lesart – und zwar unter anderem aus theologisch gesehen fragwürdigen oder doch zumindest unwissenschaftlichen physiognomischen Gründen. Was meine ich damit?

Seit ich mich als Student erstmals ernsthafter mit Karl Barths theologischem Ansatz beschäftigte und den Briefwechsel zwischen ihm und seinem Freund Eduard Thurneysen[52] aus der

---

52 Karl Barth – Eduard Thurneysen. Briefwechsel Bd. 1 (1913–1921) (Karl Barth-Gesamtausgabe Bd. 3), hg. von Eduard Thurneysen, Zürich 1973, sowie Eduard Thurneysen, »Das Römerbriefmanuskript habe ich gelesen«. Eduard Thurneysens gesammelte Briefe und Kommentare aus der Entstehungszeit von Karl Barths Römerbrief II (1920–1921), hg. von Katja Tolstaja, Zürich 2015.

Safenwiler Zeit verschlang, konnte ich mich angesichts von Fotos, Tonbandaufnahmen und Selbstäußerungen Karl Barths nie des Eindrucks erwehren, dass dem Mann, der die Theologie des 20. Jahrhunderts revolutionierte, gehörig der Schalk im Nacken saß und dass er mit allen Wassern gewaschen war. So wage ich denn die zugegeben heikle These, dass Barth ganz genau wusste, dass es unter den Erkenntnisbedingungen der Moderne eigentlich unmöglich ist, ein theologisches Denk- und ein religiöses Überzeugungsgebäude auf Formen von Offenbarung zu erbauen, auf die auch religiöse Fundamentalisten und religiöse Supranaturalisten rekurrieren. Barth wusste meines Erachtens haargenau, dass eine Theologie, die ihre subjektive Positionalität offenbarungstheologisch autorisiert, im Kontext der neuzeitlichen Wissenschaften, aber auch vor dem Forum aufgeklärter religiöser Subjektivität nicht ernst genommen werden wird und nicht ernst genommen werden kann.

Aber womöglich wählte Barth ja genau deshalb, weil es ihm nicht darauf ankam, vor dem Forum aufgeklärter Subjektivität ernst genommen zu werden, den offenbarungstheologischen Weg einer Gewissheitsbeschaffung, die aus der Perspektive aufgeklärter Vernunft nach Kant keine sein kann. Weil Barth aufgrund seiner vernichtenden Wahrnehmung des vernichtenden Geistes seiner Zeit auf diesen Geist pfiff, konnte ihm dieser Geist als selbsternannte letzte Beurteilungsinstanz theologischer Aussagen egal sein. Und weil er sich ebenso weigerte, der Vernunft in Sachen Wahrheitsfindung das letzte Wort zu erteilen, musste er sich auch vor der Vernunft nicht verantworten, die zwar Immanuel Kant, nicht aber Karl Barth heilig war.

Und so unternahm Karl Barth nicht den geringsten Versuch, die heile erkenntnistheoretische Welt des Mittelalters innerhalb der erkenntnistheoretischen Matrix der neuzeitlichen Vernunft wiederherzustellen. Er renovierte und restaurierte die traditionelle Architektur der abendländischen Theologie nicht, sondern errichtete an ihrer Stelle ein neues Haus. Auf den ersten Blick mutet dieses Haus altertümlich an. Auf den zweiten Blick offenbart es sich aber als gewissermaßen postmoderne architektonische Konstruktion. Barth ist also nicht nur modern, sondern mehr als modern. Und er ist es nicht zuletzt deshalb, weil er »*anti-foundationalist*« ist: »[…] one who does not believe that there is some fundamental belief or principle which is the basic ground or foundation of inquiry and knowledge.«[53] Als ein solcher Anti-Fundamentalist wusste Barth, dass es, wenn man die erkenntnistheoretischen Bedingungen der Moderne ernst nimmt, keine Letztbegründung theologischer Gewissheit geben kann.[54]

Hegte Barth aber nicht vielleicht doch den Glauben an ein fundamentales Prinzip, in dem sich die Theologie verankern ließ? War Christus für ihn nicht dieses Prinzip? Wenn er aber so sehr in Christus verankert war, dass ihm die erkenntnistheoretischen Bedingungen der Moderne seiner Zeit einerlei waren, konnte er dann nicht ebenso gelassen »*Foundationalist*« sein wie er gelassen »*Anti-Foundationalist*« sein konnte? – Zweifellos. In jedem Fall jedoch unterwarf er sich nicht willenlos einer unausweichlichen Wirklichkeit, die unausweichlich eine bestimmte Theologie zur Folge hatte. Er traf vielmehr eine Entscheidung. Und ob diese Entscheidung nun fundamentalistisch oder antifundamentalistisch war: Sie konnte vor dem Forum kritischer Vernunft nur als eine buchstäblich aus der Luft gegriffene subjektive Behauptung Gottes erscheinen. Barth nahm das gelassen oder vielmehr grinsend hin, weil er sich ja eben nicht um wissenschaftliche oder

---

53   Joseph Childers, The Columbia Dictionary of Modern Literary and Cultural Criticism, New York 1995, 100. Zu Deutsch: »Ein Anti-Fundamentalist ist jemand, der nicht daran glaubt, dass es irgend einen fundamentalen Glauben oder irgend ein fundamentales Prinzip gibt, das den basalen Grund oder die Begründung von Forschung und Wissen darstellt.«

54   Siehe dazu etwa William Stacey Johnson, The Mystery of God. Karl Barth and the Postmodern Foundations of Theology, Louisville 1997.

theologische Anschlussfähigkeit scherte. Sein Weg war nicht der Weg der apologetischen Verteidigung der christlichen Wahrheit, sondern der polemischen Konfrontation. Barth führte im wahrsten Sinne des griechischen Wortes »*polemos*« Krieg gegen das Schema einer Epoche, die den Menschen, seine Erkenntnis und sein Handeln zum Maß aller Dinge machte, aber im Jahr 1914 versagt hatte und inhuman geworden war. Glücklicherweise gab es in Karl Barths Krieg nur symbolische Tote.

Der etwa vom Theologen Wolfhart Pannenberg (1928–2014) geäußerte Vorwurf des theologischen Dezisionismus und Subjektivismus im Blick auf Karl Barth ist also in der Tat gerechtfertigt. Ich halte dies aber nicht für einen Vorwurf, der Barths theologischem Ansatz das Genick bricht. Im Gegenteil. Pannenberg schreibt: »Es ist ein tief ironisches Phänomen, dass gerade der entschlossene Theozentrismus Barths, der allen Anthropozentrismus und Subjektivismus der neuzeitlichen Theologie überwinden sollte, auf eine äußerste Zuspitzung eben dieses von Barth bekämpften Subjektivismus hinausläuft.«[55] – Indem Pannenberg das Wort »ironisch« wählt, will er offenkundig sagen, dass Barth gleichsam von etwas ereilt wurde, das ihm selbst nicht bewusst war. Das könnte sein oder auch nicht. Ich bezweifle allerdings entschieden, dass wir es im Blick auf den Subjektivismus der Theologie Karl Barths mit einer Ironie des Schicksals zu tun haben. Vielmehr möchte ich die ganz andere Deutung anregen, dass es sich um eine reflektierte Entscheidung, ja vielleicht sogar um einen augenzwinkernd und schelmisch gespielten Schildbürgerstreich handelt. Was Pannenberg Ironie des Schicksals nennt, könnte die Selbstironie einer Theologie gewesen sein, die ihre Grenzen kannte. Ich halte es also für ausgeschlossen, dass Barth wirklich ernsthaft davon überzeugt war, sein theologischer Coup sei in Wahrheit der Coup Gottes, der diesen Coup dem Apostel Pau-

---

55 Wolfhart Pannenberg, Problemgeschichte der neueren evangelischen Theologie in Deutschland, Göttingen 1997, 201.

lus schon beim Verfassen seines Briefes an die Römer offenbart hatte. Ich glaube vielmehr, dass man dem theologischen Erkenntnisansatz insbesondere der »Kirchlichen Dogmatik« dadurch am besten gerecht wird, dass man Barths Theologie als »*metabasis eis allo genos*«, also als Denkübergang in ein anderes Gebiet oder Genre, nämlich als ästhetisch-fiktionale Rekonstruktion klassischer Theologie liest. In dieser Rekonstruktion der Theologie ist die alte Theologie aufgehoben, der die neue Theologie zum Verwechseln ähnlich sieht.[56] Diese neue Theologie trägt der dialektisch-theologischen und der offenbarungstheologischen Einsicht in die Unverfügbarkeit der Wahrheit noch konsequenter Rechnung als die alte, indem sie deren Anspruch preisgibt, eine außerhalb ihrer selbst vermutete Wahrheit einfangen oder gar verkörpern zu wollen. Ich wage es also, Barths Theologie als *linguistic turn* zu lesen, der zugleich als *aesthetic turn* begriffen werden kann. Mit anderen Worten: Die «Kirchliche Dogmatik» ist nicht einfach nur Sprachkritik, also Kritik des menschlichen Redens von Gott. Sie ist Neuschöpfung der göttlichen Wirklichkeit durch Sprache.[57] Und indem sie dies ist und indem sie die Geschichte Jesu von Nazaret als den einzigen Ort detektiert, an dem der ganz andere Gott in die Welt eintritt, entspricht sie ihrer

56 Ich habe all dies in komprimierterer Form ausgeführt in meinem Aufsatz »Theologie –Eine Kunst?«, in: Karl F. Grimmer (Hg.), Theologie im Plural. Fundamentaltheologie – Hermeneutik – Kirche – Ökumene – Ethik. Joachim Track zum 60. Geburtstag, Frankfurt a. M. 2001, 12–26, dort z. B. 17f.

57 Siehe dazu auch George Lindbeck, Barth and Textuality, in: Theology Today 43/1986, 361–376. Aufschlussreich sind auch Hans W. Freis Reflexionen zum narrativen Charakter der Theologie Karl Barths und dessen Lektüre der Bibel, in: Hans W. Frei, Theology and Narrative. Selected Essays. Hans W. Frei, hg. von George Hunsinger und William C. Placher, Oxford 1993. Vgl. auch John Allan Knight, The Barthian Heritage of Hans W. Frei, in: Scottish Journal of Theology 61/2008, 307–326, sowie Kurt Anders Richardson, Reading Karl Barth. New Directions for North American Theology, Ada 2004.

literarischen Form nach den biblischen Texten, die von Barth ihrerseits letztlich wie eine Novelle oder wie ein gewaltiger, lose strukturierter, nicht fiktionaler Roman[58] von höchster Autorität gelesen werden. Mit anderen Worten: Unter den Bedingungen der Metaphysikkritik der aufgeklärten Moderne wählt Barth eine Gestalt der Gewissheitsbeschaffung, die eine Geschichte zum Ursprung und zum Ort der Gotteserkenntnisgewissheit erklärt. Barths metaphysikkritische Erkenntnistheorie ist darin dem mittelalterlichen Nominalismus Johannes Duns Scotus' (1266-1308) und William von Ockhams (1288-1347) nicht ganz unähnlich.

Als Barth in der zweiten Hälfte des zweiten Jahrzehnts des 20. Jahrhunderts beschloss, das Gebäude der wissenschaftlichen Theologie seiner Zeit einzureißen und dem Erdboden gleich zu machen, wusste er vermutlich instinktiv sehr genau, dass sein offenbarungstheologisches »*Reenactment*« des als Krise Erlebten und Gedeuteten eine Fiktion war – ebenso, wie er wusste, dass Theologie nur ein menschliches Sprachspiel und nicht das Wort Gottes und dass Sprache nicht nur Übermittlung von Information und Abbildung von Realität, sondern Neuschöpfung von Wirklichkeit ist. Vielleicht war diese Einsicht vierhundert Jahre nach Luthers Reformation der Theologie das eigentliche theologische »Turmerlebnis« Karl Barths. Sie könnte sich am theologischen Geistesblitz entzündet haben, dass allein Christus der archimedische Punkt allen theologischen Redens sein kann, weil allein Christus alles neu machen und man so auch im Namen Christi die Theologie gewissermaßen neu erschaffen kann. Barth etikettierte die Theologie seiner Zeit als christusvergessen. Ihn, Christus, brachte Barth neu in Erinnerung, indem er seine Geschichte erzählte.

Ob die theologische Geschichte, die Karl Barth von 1916 und erst recht und in neuer Weise von 1932 an erzählte und

---

58 So George Lindbeck, Christliche Lehre als Grammatik des Glaubens. Religion und Theologie im postliberalen Zeitalter, Gütersloh 1994, 176.

schrieb, ernst gemeint war und ernst zu nehmen ist? Ich riskiere die Einschätzung, dass wir das zumindest nicht so genau wissen können. Karl, der immer Recht haben wollte, könnte sich einen großen Spaß gemacht und die dritte, eigentlich von ihm ausgeschlossene Alternative des Kinderspiels gewählt haben. Vielleicht war der dialektisch-theologische Erkenntnisknoten ja nur von einem spielenden Kind zu durchschlagen.

Wenn man meint, eigentlich nicht von Gott reden zu können, aber dennoch von ihm reden zu sollen, muss man als moderner Theologe eigentlich verrückt oder eine Art Offenbarungs-Dadaist werden. Übrigens wurde der Dadaismus im gleichen Jahr in der Schweiz begründet, in dem sich Karl Barth über den Römerbrief setzte: 1916.

Womöglich ist dieser dritte Weg des dadaistischen Spiels mit der theologischen Sprache nicht etwa das Unernsteste, sondern unter den Bedingungen der Moderne das einzig Mögliche und das einzig Ernstzunehmende. Und vielleicht ist es also keine Beleidigung, sondern ein Kompliment für Barths Theologie, sie als Offenbarungs-Dadaismus zu etikettieren – so, wie es ja auch keine Beleidigung Barths ist, ihn als theologischen Expressionisten zu bezeichnen.

Was der Philosoph Theodor W. Adorno (1903–1969) über die Kunst sagte, könnte also auch für die Theologie Karl Barths gelten, die ihrerseits eine Kunst ist. »Kunst«, so Adorno, »ist Magie, befreit von der Lüge, Wahrheit zu sein«[59]. Und so könnte insbesondere die Theologie der »Kirchlichen Dogmatik« das Allerernsteste, aber so ernst auch wieder nicht[60] sein, weil sie letztlich Kunst, nämlich schöne Literatur ist.

---

59   Theodor W. Adorno, Minima Moralia. Reflexionen aus dem beschädigten Leben, Frankfurt a. M., 22. Aufl. 1994, 298.
60   Dasselbe äußerte Adorno über die Philosophie. Siehe Theodor W. Adorno, Negative Dialektik, Frankfurt a. M., 5. Aufl. 1988, 26.

Schriftsteller und Dichter wissen um die grundsätzliche Andersheit des literarischen Sprechens. Sie wissen, dass Kunst nicht Politik oder naturtreue Repräsentation von Realität ist und beides am besten auch nicht sein wollen sollte. Kunst und Literatur halten der Wahrheit anders die Treue. Sie tun dies auch in der Moderne manchmal unter der Tarnkappe kindlicher Naivität – so wie Karl Barths »Kirchliche Dogmatik«. – Ich nenne ein literarisches Beispiel. In den abgründigen, tödlich endenden Roman »Malina« der des literarischen Kitsches unverdächtigen Schriftstellerin Ingeborg Bachmann sind Splitter einer märchenhaften Vision eingestreut. An einer Stelle heißt es: »Ein Tag wird kommen, an dem die Menschen schwarzgoldne Augen haben, sie werden die Schönheit sehen, sie werden vom Schmerz befreit sein und von jeder Last, sie werden sich in die Lüfte heben, sie werden unter die Wasser gehen, sie werden ihre Schwielen und Nöte vergessen. Ein Tag wird kommen, sie werden frei sein, auch von der Freiheit, die sie gemeint haben. Es wird eine größere Freiheit sein, sie wird über die Maßen sein, sie wird für ein ganzes Leben sein.«[61]

Was haben solche Texte in der literarischen Moderne zu suchen, deren Ehrenkodex doch stillschweigend lautet, nichts ungebrochen Positives zur Darstellung zu bringen? Sind sie naiv? So naiv wie die »Kirchliche Dogmatik« Karl Barths? – Die Literaturwissenschaftlerin Stefanie Golisch (*1961) hat in ihrer Einführung in Ingeborg Bachmanns Verständnis von Literatur als Utopie keinen Zweifel daran gelassen, dass das genaue Gegenteil der Fall ist. Interessanterweise schlägt Golisch dabei auch eine Brücke von der Literatur des ganz Anderen zur Theologie des ganz Anderen. Über Ingeborg Bachmann und in Anspielung auf Karl Barth schreibt sie: »Die vermeintliche Naivität der Bachmannschen Utopie der ›schwarzgoldnen Augen‹ [...] als tatsächliche Naivität zu begreifen verfehlte [...] den Kern des Problems, das weitaus

---

61 Ingeborg Bachmann, Malina, Frankfurt a. M., 10. Aufl. 1991, 123f.

tiefere Schichten berührt [...]. So wie bedeutende Theologen des 20. Jahrhunderts davon gesprochen haben, dass einzig eine vollkommen kindliche Theologie nicht kindlich sei, weil nur sie den unendlichen Abstand des Menschen zu Gott nicht verkenne, so könnte man sagen, dass die Utopie der ›schwarzgoldnen Augen‹ eben gerade deshalb nicht naiv ist, weil sie die Differenz zwischen dem, was ist, und dem, was sein soll, anders als der Kanon linker [und rechter] Gesellschaftsutopien nicht zu überbrücken versucht, sondern ausdrücklich hervorhebt. Ob die Menschen eines Tages ›schwarzgoldne Augen‹ haben werden, ist deshalb unerheblich im Vergleich zu der expliziten Anstrengung des Denkens, noch über seine eigene – eingesehene – Begrenztheit hinauszudenken. Dem Traum von der Befreiung der Menschheit, wie er in der Utopie der ›schwarzgoldnen Augen‹ ausgesprochen wird, steht andererseits eine gänzlich hoffnungslose Wirklichkeitserfahrung entgegen, aus der sich die Perspektive der Veränderung nicht länger ableiten lässt. Bachmann schreitet dieses geistige Dilemma in seiner gesamten Tragweite aus. Nicht um fiktionsimmanente Versöhnung geht es ihr, vielmehr um die literarische Evokation jenes Abgrundes, der Wirklichkeit und Möglichkeit ein für allemal voneinander scheidet [...]. Was in der Kunst als Poesie – im weitesten Sinne des Wortes – wiederaufersteht, erinnert an [den] Urzustand. Nur die Kunst vermag das Ungenügen zu artikulieren und gleichzeitig die Hoffnung wachzuhalten, ohne sie freilich bereits einzulösen [...]. Zwischen Utopie und Wirklichkeit klafft ein Abgrund, den auch die Poesie, sprich: die Kunst um ihrer Wahrhaftigkeit willen nicht überbrücken darf.«[62]

Ich glaube, dass damit auch die Strategie der theologischen Literatur Karl Barths zumal in seiner zweiten Lebenshälfte sehr treffend beschrieben ist. Auch er wusste darum, dass die Theologie des guten und schönen Gottes nur dann nicht ideologisch

---

62 Stefanie Golisch, Ingeborg Bachmann zur Einführung, Hamburg 1997, 131ff. Siehe dazu von mir selbst: Frisch, Aesthetica crucis, 248f.

ist, wenn sie sich unter den Bedingungen der Moderne ins utopische Gewand der literarischen Fiktion kleidet. Das Utopische ist das, was dort, wo Kants Erkenntnistheorie gilt, also innerhalb des Raum-Zeit-Kontinuums, keinen Ort – *ou topos* – und letztlich auch keine Zeit hat. Wenn Karl Barth wirklich ein moderner Schriftsteller ist, dann kann es also nicht verwundern und dann ist es nur konsequent, dass die Versöhnung, von der er schreibt, keine empirische Spur in unserem Leben hinterlässt. Was von vielen zeitgenössischen theologischen Entwürfen als Schwäche Karl Barths kritisiert wird, ist literaturkritisch und theologisch gesehen eine Stärke – insbesondere dann, wenn man an der fundamentalen Differenz zwischen Vorletztem und Letztem theologisch festzuhalten gedenkt.

Barth wusste, dass die Theologie ins Reich des Vorletzten gehört. Und in diesem Reich des Vorletzten kann es nur vorletzte Dinge und vorletzte Erkenntnisse geben. Vom Letzten kann daher nur poetisch die Rede sein. Es wird allenfalls als Sprachereignis Ereignis. Theologen, die dies wissen, sind wahrhaft frei. Sie machen Ernst damit, dass nur Gott allein und nicht die Theologie das letzte Wort haben kann.

3. Angriff ist die beste Verteidigung
Theologie als große Gegenerzählung

Als Karl Barth Gott das Jüngste Gericht an der Theologie seiner Zeit üben ließ, wurde der junge Theologe zu einer Art »Hipster« der Theologie, also – so definiert es eine bekannte Internetenzyklopädie – ein Angehöriger eines »Milieu(s), dessen Angehörige ihrem Szenebewusstsein – in Abgrenzung zum Mainstream – extravagant Ausdruck verleihen«[63] und dadurch ihr Anderssein kultivieren. Im Milieu der Theologie seiner Zeit war Barth der ganz andere. Im größeren kulturellen Zusammenhang betrachtet war er ein Avantgardist unter anderen. Avantgardisten sind Vorreiter des Geistes ihrer Epoche. Viele dieser Vorreiter, namentlich die Expressionisten, traten in den ersten beiden Jahrzehnten des 20. Jahrhunderts nicht nur als Blauer, sondern als apokalyptische Reiter in Erscheinung. So auch Karl Barth, dessen Römerbriefkommentar den Geist einer expressionistischen Weltzertrümmerung und einer gnostischen Verneinung der Bejahbarkeit der Welt atmete. Diese Welt offenbarte sich Barth nach 1914 in ihrer geradezu dämonischen Negativität. Barths »kriti-

---

63 Siehe https://de.wikipedia.org/wiki/Hipster_(21. Jahrhundert).

sche Theologie«[64] brachte diese Negativität auf den theologischen Begriff. Sie war – mit einer Formulierung Hegels – »ihre Zeit in Gedanken erfasst«[65]. Dass sich die europäische Welt um den Ersten Weltkrieg herum in einer tiefen Krise befand, reflektierte sich in Barths Denken im theologischen Begriff der »*krisis*«. Subjekt dieser »*krisis*« war für den Schweizer Dorfpfarrer wie gesehen aber nicht diese Welt selbst, sondern »der unbekannte Gott«[66], der der Welt den Prozess macht. Der »Geist Christi«, so Barth, ist die »Krisis […], in der sich das Ganze befindet«[67]. Die Krise der europäischen Kultur erschien aus der Perspektive des Offenbarungstheologen, der die Sünde des Menschen ernster nahm als viele seiner theologischen Zeitgenossen, als Gericht Gottes an der gottesuntauglichen Realität. »Die große Störung« durch die *krisis* Gottes ist, so Barth, »nicht mehr gut zu machen, sie betrifft die Heiligen und die Schweine.«[68] – Barth traf die theologische Entscheidung, dass sich in dieser Welt an nichts Positives anknüpfen ließ, wenn man die Wirklichkeit Gottes und seines Reiches zur Sprache bringen wollte. Denn nichts und niemand in der Welt ist in irgendeiner Weise gottesgeeignet. Anknüpfen konnte man also nur an die Erkenntnis vollendeter Negativität – ganz im Sinne des englischen Philosophen Francis Herbert Bradley (1846–1924), von dem der Satz stammt, den Adorno am Ende des Zweiten Weltkriegs seinen »Minima Moralia« vorangestellt hatte, die sich wie Barths kritische Theologie als Reflexion aus dem beschädig-

---

64 So Barth selbst im Vorwort zur zweiten Auflage des »Römerbriefs«. ders., Der Römerbrief. Zweite Fassung 1922, XX.
65 Georg Wilhelm Friedrich Hegel, Grundlinien der Philosophie des Rechts, Werke in 20 Bänden, auf der Grundlage der Werke von 1832 bis 1845 von Eva Moldenhauer und Karl Markus Michel neu edierte Ausgabe, Frankfurt a. M. 1970ff, Bd. 7, 26.
66 Karl Barth, Der Römerbrief. Zweite Fassung 1922, 12.
67 Barth, Vorwort zur dritten Auflage des »Römerbriefs«, ders., Der Römerbrief. Zweite Fassung, XXIII.
68 A. a. O., 529.

ten Leben begriffen. Bradleys Satz lautet: »Where everything is bad it must be good to know the worst.«[69] Wo alles schlecht ist, muss es gut sein, das Schlechteste zu kennen – nicht zuletzt deshalb, weil in der vollendeten Negativität Barth Adorno zufolge die Spiegelschrift ihres Gegenteils zum Vorschein kommt[70]. Der »nackte Mensch im letzten Stadium«[71], der identisch mit dem Gekreuzigten ist, erscheint ganz im Sinne von Luthers *theologia crucis* als das einzige Gleichnis des Himmelreichs. In der »Tiefe der Hölle«[72], in den Schützengräben vor Verdun, ereignet sich das Gericht, das zugleich Gnade ist. Denn die *krisis* wird »durch die Auferstehung Jesu eingeleitet«[73]. Gott sagt also dort, »wo nur noch sein Nein zu hören ist«[74], Ja. Das »Ende des Menschen« ist der »Messias«[75]. »Christus ist Mitternacht und Mittag.«[76] Dort, wo die Welt nur noch verbrannte Erde ist, zeigt sich in Wahrheit das Licht der Welt. Das Schlimmste ist das Beste. Und deshalb ist es gut, das Schlechteste zu kennen. – Starker Tobak und keine geringe Zumutung für eine theologische Zeit, die von vielen Repräsentanten der liberalen Theologie leichtere Kost gewohnt war.

Es gibt aber auch noch einen anderen Grund, warum es gut ist, das Schlechteste zu kennen, und zwar einen gnostischen Grund. Die Idee, dass Erkenntnis aus dem Verblendungszusammenhang einer dämonischen Welt befreit, ist eine Idee der antiken Gnosis. Die religiöse Strömung der Gnosis entstand zu

---

69 Francis Herbert Bradley, Appearance and Reality. A Metaphysical Essay, Oxford 1930, XII.
70 Theodor W. Adorno, Minima Moralia, 334.
71 Barth, Der Römerbrief. Zweite Fassung, 47 in Anspielung an den russischen Schriftsteller Fjodor Michailowitsch Dostojewski (1821–1881).
72 A. a. O., 79.
73 A. a. O., 8.
74 A. a. O., 97.
75 A. a. O., 79.
76 A. a. O., 49.

Beginn unserer nachchristlichen Zeitrechnung im syrischen, persischen und hellenistisch-jüdischen Umfeld. Die Gnostiker radikalisierten die Ahnung des Menschen, vielleicht doch nicht ganz von dieser irdischen Welt zu sein und eigentlich in eine andere, göttliche Welt zu gehören, zur Gewissheit, dass die Welt nicht bejahbar, sondern nur verneinenswert ist und dass man ihr am besten entrinnen sollte. Am einfachsten gelingt dies durch Erkenntnis – griechisch: *gnosis* –, also durch den Geist. Denn der Geist ist ein göttlicher Lichtfunke, der sich in die Welt verirrt hat, aber nicht in diese Welt gehört und deshalb daraus befreien kann. Im »Römerbrief« Karl Barths stellt die Erkenntnis des Negativen ein rettendes Moment im durchaus gnostischen Sinn dar. Andererseits ist die gänzlich verneinte Welt bei Barth aber auch die bejahte Welt. Genau darin besteht ja die Pointe von Barths Offenbarung der Weltkrise als *krisis* Gottes. Barth war also nur, wenn überhaupt, ein halber Gnostiker.

Dass auch der Expressionismus mit gnostischen Vorstellungen liebäugelte, zeigt sich nicht zuletzt daran, dass vielen Expressionisten die Vision eines Weltbrandes wie gesehen nicht unsympathisch war. In seinem Buch »Nach Gott« beschreibt der Philosoph Peter Sloterdijk (*1947) im Anschluss an den jüdischen Religionsphilosophen Jacob Taubes (1923–1987)[77] die geschichtliche Abfolge geistiger Haltungen in der Religionsgeschichte wie folgt: »Wenn Prophetismus scheitert, entsteht Apokalyptik; scheitert auch Apokalyptik, so entsteht Gnosis.«[78] Barths »Römerbrief« ist eine expressionistische, um nicht zu sagen explosive Mischung aus Prophetie, Apokalyptik und Gnosis.

---

77 Siehe dazu Jacob Taubes, Vom Kult zur Kultur. Bausteine zu einer Kritik der historischen Vernunft. Gesammelte Aufsätze zur Religions- und Geistesgeschichte, hg. von Aleida und Jan Assmann, Wolf-Daniel Hartwich und Winfried Menninghaus, München 1996.
78 Peter Sloterdijk, Nach Gott, Berlin 2017, 84.

Theologie als große Gegenerzählung

Aber wie kann es weitergehen, wenn einer mit gerade einmal sechsunddreißig Jahren eine solch radikale Theologie fabriziert, die keinen Stein der theologischen Denkgebäude seiner Zeit auf dem anderen lässt? Wie kann so einer theologisch weiterexistieren, ohne sich in gegenstandslose Meditation zu versenken, zu denken aufzuhören, Pfeife zu rauchen und wie Barths nahezu gleichaltriger Zeitgenosse, der Dadaist Marcel Duchamp (1887–1968), irgendwann nurmehr Schach zu spielen? – Nun, das Leben geht bekanntlich meist auch nach der Pubertät weiter. Und im Falle des Theologen Karl Barth, in dessen individuellem Denken sich die von Sloterdijk beschriebene geschichtliche Abfolge theologischer Geisteshaltungen gewissermaßen mikrokosmisch wiederholte, ging es nach dem »Römerbrief« zehn Jahre später mit der »Kirchlichen Dogmatik« weiter. Sloterdijks Satz fortsetzend könnte man also im Blick auf die Epoche Karl Barths und im Blick auf dessen Denken sagen: Wenn Gnosis scheitert, entsteht entweder Expressionismus, Nihilismus oder dadaistische Ironie – oder aber eine große Bejahung der Welt, wie sie ist. Die »Kehre« Karl Barths Anfang der dreißiger Jahre des letzten Jahrhunderts lässt sich entwicklungspsychologisch als Reifung oder als theologischer Pakt mit dem Realitätsprinzip interpretieren. Natürlich schloss Barth diesen Pakt nicht, ohne die Realität in Gott aufgehoben zu wissen und von ihm her zu kritisieren, was ihm erneut den Vorwurf des totalen Bruchs mit dem Realitätsprinzip der Moderne eintrug. Für Barth war und blieb die Welt jedenfalls nur deshalb gelassen bejahbar und gelassen kritisierbar, weil Gott sie trotz alles Verneinenswerten bejaht.

Freilich stellte Karl Barths theologische »Kehre« theologisch gesehen nicht wirklich eine Kehre dar. Auch der jüngere Barth hielt ja konsequent an Gott als Subjekt alles Geschehens fest. In einer Hinsicht ist Barths Kehre aber wirklich eine Kehre – in der Hinsicht nämlich, dass es in der »Kirchlichen Dogmatik« keine expressionistischen Einschlagtrichter, keine Verwüstungszonen, keine Polarregionen, keine Gletscherspalten und keine Negativitätssymbolik mehr zu geben braucht[79]. Barth kann die Welt fortan ungeschoren lassen, weil ja auch Gott sie lässt, wie sie ist, und nicht permanent das Jüngste Gericht an ihr übt, das sich am Kreuz auf Golgata längst ereignet hat, ohne dass auch nach Christus die ganze Welt fortwährend theologisch gekreuzigt werden müsste.

Während insbesondere der zweite Römerbriefkommentar Karl Barths ein Minenfeld und die darin beschriebene Erde eine von Gott angegriffene Welt ist, erzählt die »Kirchliche Dogmatik« – als wäre nichts geschehen – in großer Souveränität eine bezaubernde Geschichte. »Barths Theologie ist«, wie der katholische Theologe Hans Urs von Balthasar (1905–1988) im Blick auf diese »Kirchliche Dogmatik« bemerkte, »schön.«[80] Sie hat ihr expressionistisches Gewand abgelegt. Sie kommt als strahlende, siegesgewisse und nahezu ungetrübte Rede von Gott daher. Sie ist die theologische Version von Ingeborg Bachmanns literarischer Vision der »schwarzgoldnen Augen«. Sie steht erzählend so weit über den heillosen Dingen, dass sich die Wunden dieser Dinge und die Wunden der Welt schließen und die unheile Welt als heile, nämlich als von Gottes Barmherzigkeit geheilte Welt erscheint. Aus der Ferne der dreizehn Bände der »Kirchlichen Dogmatik«, deren lange Reihe der niederländische Theologe Kornelis Heiko Miskotte (1894–1976) aufgrund ihrer weißen Einbände »Moby Dick«[81] nannte, erscheint alles schön. Wie die Wolke, die Bertolt Brecht (1898–1956) in einem seiner Gedichte beschrieb, ist sie »sehr weiß und ungeheuer oben«[82]. Die US-amerikanische Sängerin Bette Midler (*1945) hat die Schön-

---

79 Barth, Der Römerbrief. Zweite Fassung 1922, 27.
80 Hans Urs von Balthasar, Karl Barth. Darstellung und Deutung seiner Theologie, Köln, 4. Aufl. 1976, 35.
81 Kornelis Heiko Miskotte, Über Karl Barths kirchliche Dogmatik. Kleine Präludien und Phantasien, Theologische Existenz heute (TEH Neue Folge Bd. 89), 1961, 3.
82 Bertolt Brecht. Große kommentierte Berliner und Frankfurter Ausgabe. Berlin, Weimar und Frankfurt a. M. 1988, Bd. 11, Gedichte 1, 92.

heit der Entfernung in einem bekannten Lied besungen: »From a distance there is harmony, and it echoes through the land. It's the voice of hope, it's the voice of peace, it's the voice of every man. From a distance we all have enough, and no one is in need. And there are no guns, no bombs, and no disease, no hungry mouths to feed. It's the hope of hopes, it's the love of loves. This is the song of every man. And God is watching us, God is watching us, God is watching us from a distance. Oh, God is watching us, God is watching. God is watching us from a distance.«[83] Weil Gott aus der Ferne – »ganz von oben, vom Himmel her« – über uns wacht, ist es nicht zynisch, den beschönigenden Blick aus dieser Ferne für die Wahrheit zu halten.

Wenn man die »Kirchliche Dogmatik« liest, dann scheint es, als würde Karl Barth dort ungeniert die Gottesperspektive aus Bette Midlers Lied einnehmen. Das hat wie gesehen immer wieder zur Frage geführt, woher Barth denn wissen könne, was Gott weiß, und warum Gott, wenn die Antwort auf diese Frage »Offenbarung!« lautet, ausgerechnet Barth und niemand anderem offenbart hat, was in den dreizehn Bänden der »Kirchlichen Dogmatik« entfaltet wird. – Ich selbst gebe auf die Frage, woher Barth dies wissen kann, wie schon gesagt die Antwort, dass er es natürlich nicht wissen konnte, sondern dass seine Theologie

---

83 Ein zugegeben nicht besonders lyrischer und daher nur den Sinn, nicht aber den Stil des Liedes wiedergebender Übersetzungsversuch ins Deutsche könnte wie folgt aussehen: »Aus der Ferne betrachtet ist Harmonie, und ihr Echo hallt durch das Land. Es ist die Stimme der Hoffnung, es ist die Stimme des Friedens, es ist die Stimme eines jeden Menschen. Aus der Ferne betrachtet haben wir alle genug, und niemand ist in Not. Und es gibt keine Waffen, keine Bomben, keine Krankheit, keine hungrigen Münder zu füttern. Das ist die Hoffnung aller Hoffnungen, die Liebe aller Lieben. Das ist das Lied eines jeden Menschen. Und Gott wacht über uns, Gott wacht über uns, Gott wacht über uns aus der Ferne. Oh, Gott wacht über uns, Gott wacht. Gott wacht über uns aus der Ferne.«.

schlicht eine große Geschichte erzählt. Diese Geschichte kann es mit den großen Geschichten aufnehmen, in deren schöpferischem Licht Menschen unterschiedlichster Gegenwarten und Kulturen sich von jeher selbst gedeutet haben. Barths grandioser theologischer Mythos setzt wie jeder Mythos »Wunschdenken voraus: Man möchte ihn für wahr halten. Das heißt, die Vergegenwärtigung beruht, säkular gefasst, auf einer kollektiven Autosuggestion.«[84] Menschen, Nationen und Epochen definieren sich durch Geschichten, die sie irgendwann mehr oder weniger unwillkürlich glaubten. Vielleicht deshalb, weil ihnen instinktiv einleuchtete, dass diese Geschichten die Wahrheit sind, selbst, wenn sie sich niemals zugetragen haben, sondern im Sinne des Schweizer Tiefenpsychologen Carl Gustav Jung (1875–1961) aus der Tiefe des kollektiven Unbewussten zu Tage gefördert wurden, in der ja vielleicht doch zeitlose Wahrheiten verborgen liegen.

Übrigens war es ein Zeitgenosse von Karl Barth, der Philosoph Hans Vaihinger (1852–1933), der in seiner 1911 veröffentlichten »Philosophie des Als-Ob«[85] die nützliche Wahrheit der Fiktion nicht dick genug unterstreichen konnte. Vaihinger zufolge bringen Fiktionen Ordnung ins Chaos einer Welt, deren Realitäten oft derart hoffnungslos und irrational sind, dass sie sich auch beim besten Willen nicht auf einen erklärenden Begriff bringen lassen. Jedoch, so der schottische Schriftsteller John Burnside (*1955): »[I]f we chose, if we will an ordered world, even if it is a fiction, it is better than the chaos we would have to endure otherwise.«[86] Und daher tun wir so, als wäre wirklich, was wir für wirk-

---

[84] So Navid Kermani, Auschwitz morgen – Die Zukunft der Erinnerung, in: Frankfurter Allgemeine Zeitung, 7. Juli 2017, 9 und 11, dort 9.

[85] Hans Vaihinger, Die Philosophie des Als-Ob. System der theoretischen, praktischen und religiösen Fiktionen der Menschheit aufgrund eines idealistischen Positivismus. Mit einem Anhang über Kant und Nietzsche, Leipzig 1911.

[86] John Burnside, Ashland and Vine, London 2017, 142. Zu Deutsch: »[W]enn wir eine geordnete Welt wählen und wenn wir sie *wollen*,

lich halten. Wir existieren, »als ob« unsere Vorstellungen, »deren Zusammentreffen mit der Wirklichkeit von vornherein ausgeschlossen ist«[87], wahr wären. Genau dadurch aber werden unsere Fiktionen und die fiktionalen Geschichten, die wir erzählen, um die Welt und uns selbst zu ordnen, tatsächlich wahr. Sie werden wahr, indem uns die Ordnung und die Identität überzeugen, die sie schaffen. Außerdem machen diese Geschichten erzählbar, was sich zuweilen jeglicher Logik entzieht – zum Beispiel unser Leben, das erst dadurch zu einer kohärenten Wirklichkeit wird, dass wir oder andere dieses Leben und dessen zusammenhanglose Begebenheiten und Widerfahrnisse als Geschichte erzählen, der wir Glauben schenken.

Wir werden, indem wir oder andere uns erzählen. Und wir sind, was wir und was andere über uns erzählen. Man könnte geradezu sagen, dass wir aus Geschichten bestehen. Und nicht nur wir, auch unsere Weltbilder und Wirklichkeitsverständnisse sind aus solchen Geschichten geknüpft. »The universe is made of stories, not of atoms«[88], schrieb im Jahr 1968 die US-amerikanische Dichterin Muriel Rukeyser (1913–1980). Weil diese »Stories« Erzählungen gleichen, bezeichnet man sie als Narrative. Auch die Wirklichkeitsverständnisse der sogenannten exakten Wissenschaften sind solche Narrative. Damit mathematische Formeln und naturwissenschaftliche Experimente und Beobachtungen wirklich für sich sprechen, muss man ihre Grundannahmen teilen, auf denen sie ruhen und aus denen ihr Narrativ gewoben ist. Würden die Wissenschaften ihre eigenen Axiome infrage stellen, würden sie den Ast absägen, auf dem sie sitzen – oder sich

---

auch, wenn sie eine Fiktion ist, ist dies noch immer besser als das Chaos, das wir andernfalls zu ertragen hätten.«
87   Vaihinger, Die Philosophie des Als-Ob, 14.
88   Muriel Rukeyser, The Speed of Darkness, New York, 1968. »Das Universum besteht aus Geschichten, nicht aus Atomen.« Siehe online unter www.poetryfoundation.org/poems-and-poets/poems/detail/56287.

revolutionieren. Denn wissenschaftliche Revolutionen ereignen sich dort, wo Fundamente der Weltwahrnehmung ins Wanken geraten – etwa so, wie in den ersten beiden Jahrzehnten des 20. Jahrhunderts.[89]

So eindrucksvoll die großen Narrative der modernen Physik sind und so eindrucksvoll der Blick in den göttlichen Baukasten ist, den sie uns gewähren: Ihre Erkenntnisse befriedigen uns nur dann, wenn wir uns damit einverstanden erklären, dass die Fische, die der Naturwissenschaft ins Netz gehen, die wirklich dicken Fische, also die Fische sind, um die es wirklich geht. Naturwissenschaftliche Narrative unterscheiden sich letztlich nicht von theologischen Narrativen, deren Unbegründetheit und Unbegründbarkeit Barth als einer der wenigen modernen Theologen nicht verhehlt, sondern durch einen Sprung ins Wasser des fiktionalen Konstruktivismus offenlegt. Für alle Narrative gilt, was Tristan Garcia wie folgt beschreibt: »In dem Maße, wie alles erklärt wird, entzieht sich das Erklärungsprinzip selbst dem Bereich des Erklärbaren, so wie der Fokus eines das ganze Universum erhellenden Lichts nach und nach einen Schattenpunkt isolieren würde. Man kann alle Dinge begründen, nur den Grund kann man nicht nennen, mit dem man das erreicht.«[90]

Karl Barth erzählt in seiner »Kirchlichen Dogmatik« eine Geschichte. Er entfaltet – jedenfalls seinem eigenen Selbstverständnis nach – kein theologisches System. Anders als sein Zeitgenosse Paul Tillich schreibt Barth keine »Systematische Theologie«. Barth zufolge kann die Theologie, weil es ihre Aufgabe ist, die Geschichte »des Handelns des Schöpfers mit seinem Geschöpf«[91] und des Gerichtes über das Nichtige zu erzählen,

---

89 Siehe dazu Thomas S. Kuhn, The Structure of Scientific Revolutions, Chicago 1962.
90 So Garcia, Das intensive Leben, 63.
91 KD III,3, 334.

nur der »Bericht von dieser Geschichte«[92] sein. Sie muss sich, so Barth, »unter allen Umständen auf jene Geschichte beziehen und also unter allen Umständen *Erzählung* sein und bleiben.«[93] Zumindest indirekt also thematisiert Barth den fiktionalen Charakter seiner »Kirchlichen Dogmatik«. Er lässt keinen Zweifel daran, dass deren Gegenstand eine Erzählung ist und gesteht letztlich sogar zu – und sei es halbbewusst –, dass auch ihre literarische Form eine Erzählung darstellt.

Die »Kirchliche Dogmatik«, die eine Geschichte erzählt, ist – philosophisch gesprochen – eine sogenannte Metaerzählung, deren Held Gott ist. Vor dem Forum der modernen Wissenschaften kann eine solche Gottesstory nicht als glaubwürdig erscheinen – es sei denn, man wäre von ihrer welterschließenden mythischen Kraft überzeugt, auch, wenn man sie wissenschaftlich betrachtet nicht für wahr hielte. Unter den Bedingungen neuzeitlicher Welterkenntnis muss Barths Gottesstory aufgrund ihrer inakzeptablen Verfahren der Gewissheitsgewinnung geradezu wie eine theologische Fantasygeschichte anmuten. Der französische Philosoph Jean-François Lyotard (1924–1998), der den Begriff der Metaerzählung geprägt hat, bemerkte denn auch am Anfang seines Buches »Das postmoderne Wissen«: »Die Wissenschaft ist von Beginn an in Konflikt mit den Erzählungen.«[94] Denn sie löst – wie Theodor W. Adorno und Max Horkheimer (1895–1973) in ihrer »Dialektik der Aufklärung«[95] gezeigt haben – den Mythos als Gestalt der Welterklärung und als Gestalt der Austreibung der die Natur der Dinge beseelenden Dämonen und Gottheiten ab. Auf ihre Weise bleibt sie aber eine

---

92 Ebd.
93 Ebd. Siehe auch KD III,1, 86 und KD IV,1, 171.
94 Jean-François Lyotard, Das postmoderne Wissen. Ein Bericht, hg. von Peter Engelmann, Wien, 3. Aufl. 1994, 13.
95 Max Horkheimer und Theodor W. Adorno, Dialektik der Aufklärung. Philosophische Fragmente, Gesammelte Schriften Bd. 3, hg. von Rolf Tiedemann, Frankfurt a. M. 1981.

Erzählung – oder sagen wir: das funktionale Äquivalent einer Erzählung. Weil die Wissenschaft ihre Spielregeln zu legitimieren sucht, »führt sie über ihr eigenes Statut einen Legitimationsdiskurs, der sich Philosophie genannt hat. Wenn dieser Metadiskurs explizit auf diese oder jene große Erzählung zurückgreift wie die Dialektik des Geistes, die Hermeneutik des Sinns, die Emanzipation des vernünftigen oder arbeitenden Subjekts, so beschließt man ›modern‹ jene Wissenschaft zu nennen, die sich […] [darauf] bezieht, um sich zu legitimieren. So wird etwa die Konsensregel zwischen Sender und Empfänger bei einer Aussage mit Wahrheitswert für annehmbar gehalten, wenn sie sich in die Perspektive einer möglichen Einstimmigkeit der mit vernünftigem Geist begabten [sic!] einschreibt: das war die Erzählung der Aufklärung, worin der Heros der Wissenschaft an einem guten ethisch-politischen Ziel, dem universellen Frieden, arbeitet […]. Bei extremer Vereinfachung hält man die Skepsis gegenüber den Metaerzählungen für postmodern.«[96]

Die Erkenntnis, dass auch Metaerzählungen Erzählungen sind, die eine bestimmte Geschichtsphilosophie beinhalten, entlarvt eine vermeintlich alternativlose epochale Art zu denken in gewisser Weise als zufälliges Phänomen. Philosophen würden sagen: als kontingent. Und aufgrund dieser historischen Kontingenz könnte es gut sein, dass unsere Nachfahren – wie der US-amerikanische Philosoph Thomas Nagel (*1937) gemutmaßt hat – in nicht allzu ferner Zeit unsere gegenwärtige Art, Natur- oder Kulturwissenschaft zu treiben, belächeln werden.[97]

Wissenschaft also ist nur eine andere Gestalt des Erzählens – eine Gestalt freilich, die im Gegensatz zum Mythos, zur Kunst oder zur Literatur die sogenannte Wirklichkeit so einzufangen

---

96   Lyotard, Das postmoderne Wissen, 13f.
97   Thomas Nagel, Mind and Cosmos. Why the Materialist Neo-Darwinian Conception of Nature is Almost Certainly False, New York 2012, etwa 3 und 127.

scheint, dass sie uns »wirklich« zeigt, wie die Welt »wirklich« ist. Wir alle wissen, dass dies stimmt und zugleich nicht stimmt. Auch Kunst und Literatur, Phantasie, Intuition und Lebensweisheit zeigen uns die Welt, wie sie wirklich ist – aber eben unter einem anderen Gesichtspunkt und aus einer anderen Perspektive, aus der sie Anderes und keineswegs Unwirklicheres zu Tage fördern. Die Literatur erzählt anders als die Wissenschaft. Beide aber erzählen.

Die amerikanisch-britische Schriftstellerin Meg Rosoff (*1956) brachte dies in ihrer Rede an junge Leser zur Eröffnung der Sektion Internationale Kinder- und Jugendliteratur des Internationalen Literaturfestivals Berlin im September 2017 wie folgt auf den Punkt: »Albert Einstein sagte: ›Wenn ihr wollt, dass eure Kinder intelligent sind, lest ihnen Märchen vor. Wenn ihr wollt, dass sie noch intelligenter werden, lest ihnen noch mehr Märchen vor.‹ Ich habe mich lange gefragt, was genau Einstein damit meinte. Wahrscheinlich, dass jeder, der den Ursprüngen des Universums und den damit einhergehenden komplexen und schwierigen Fragen nachzuspüren versucht, im Grunde genommen eine Geschichte erzählt. Wissenschaftler erzählen uns folgende Geschichte: Sieben Milliarden […] Wesen leben auf einer Kugel aus Eisen, Geröll und Silikaten, die in der Mitte eines unvorstellbaren Nichts treibt. Tatsächlich? Gibt es eine Geschichte, die unwahrscheinlicher ist?« Und dennoch: »Wir akzeptieren dieses Szenario, ohne mit der Wimper zu zucken«. Dabei sind die meisten naturwissenschaftlichen Erklärungen der Entstehung »des Universums derart bizarr, dass man schon ein begnadeter Schriftsteller sein muss, um sich so etwas auszudenken«[98].

Der Homo sapiens war von Anfang an ein Geschichtenerzähler und ist dies bis heute geblieben. Letztlich befinden wir uns noch immer in derselben Situation wie unsere Urahnen vor

---

98 Meg Rosoff, Ich habe schon tausend Leben geführt, in: Frankfurter Allgemeine Zeitung, 7. September 2017, 13.

Zehntausenden von Jahren: Noch immer sitzen wir – metaphorisch gesprochen – um ein Lagerfeuer und erzählen einander unsere unterschiedlichsten Geschichten, um die Geister, die uns heimsuchen, fernzuhalten, zu bannen und auszutreiben. Nur, dass manche Geschichtenerzähler glauben, keine Geschichten zu erzählen, sondern die Entwicklungsstufe des Geschichtenerzählens hinter sich gelassen zu haben und stattdessen die wahre Natur der Dinge zu Tage zu fördern. Dass auch ihre Zuhörer dies glauben, zeigt, dass die Erzähler gute Erzähler sind.

Weil alle Weltdeuter und Welterklärer auf ihre ureigene Weise Geschichtenerzähler sind und es erfahrungsgemäß gut und sinnvoll ist, unterschiedlichste Geschichten zu hören, wenn man ein überzeugendes Bild der Wahrheit gewinnen will, wird uns wohl erst das komplementäre Zusammenspiel und die Verknüpfung unterschiedlichster Wissensformen zur Erkenntnis dessen führen, was die Welt im Innersten zusammenhält.

Gerade am Beispiel der »Kirchlichen Dogmatik« Karl Barths kann man gut studieren, warum Theologie im Kreis der Wissenschaften unserer Zeit unweigerlich als unwissenschaftlich diskreditiert werden muss. Zum einen deshalb, weil sie ganz offenkundig extrem perspektivischer, ja geradezu willkürlicher Natur ist. Sie kommt ja von zwei Behauptungen her, die aus naturwissenschaftlicher Sicht erst zu beweisen wären: von der Behauptung der Existenz Gottes und von der Behauptung eines bestimmten, in der Geschichte Jesu von Nazaret offenbarten Wesens Gottes. Zum anderen deshalb, weil ihr Gegenstand mit wissenschaftlich akzeptierten Erkenntnismethoden nicht detektiert werden kann. Die Theologie – so muss es dann scheinen – redet das Blaue vom Himmel herunter. Mag sein, dass das, was sie sagt, einigermaßen zusammenhängend erzählt und in sich logisch und widerspruchsfrei ist. Aber das, wovon sie redet und was sie sich zusammenreimt, könnte doch ausschließlich blühender Phantasie entsprungen sein und sich nicht auf eine Wirklichkeit beziehen, die auch außerhalb dieser Phantasie real ist.

Was wollte man theologischerseits darauf erwidern? Wie sollte man darauf konzeptionell-theologisch reagieren? – Viele moderne Theologien machen immer wieder vor, was man unternehmen könnte, um im Kreis der Wissenschaften unserer Gegenwart salonfähig und anerkannt zu werden. Sie transformieren sich in Phänomenologien der Kultur, in Religionswissenschaft, in Ethik, in Anthropologie, in Geschichts- und in Literaturwissenschaft oder in Sprachkritik. Sie können auch zur Sekundärwissenschaft werden, die sich nur noch mit Texten und Selbstdeutungen vergangener oder gegenwärtiger Autoren beschäftigt. Die Wissenschaftsgemeinschaft honoriert diese Bereinigung der Theologie um die letzten, göttlichen Dinge mit Akzeptanz, Toleranz und mehr oder weniger wohlwollendem Interesse, wenn nicht Desinteresse. Dennoch scheint sich die Theologie nur als Wissenschaft von den vorletzten Dingen, nicht aber als Meistererzählerin der letzten Dinge noch ein Plätzchen in der *universitas litterarum* unserer Zeit sichern zu können. Dogmatik als selbstbewusst auftretende Rede von Gott dagegen scheint in den Augen nüchterner Wissenschaft seit der Aufklärung dazu verurteilt, eine Existenz als eine bizarre und belächelte Veranstaltung des Nichtwissens zu fristen. Weil es aber für Karl Barth nicht infrage kam, den theologischen Anspruch der Dogmatik zu ermäßigen, um die Anerkennung des Geistes seiner Zeit zu erhalten, die ihm gleichgültig war und die er vielleicht gerade deshalb fand, schüttete er das Kind mit dem Bade aus und trieb die Theologie auf die Spitze, indem er gewissermaßen die Familiensaga des trinitarischen Gottes so erzählte, als hätte es niemals eine theologische Aufklärung gegeben. Das aber kommt der beschriebenen ästhetischen Fiktionalisierung der Theologie gleich. Anders gesagt: Es ist nicht von literarischer Prosa zu unterscheiden.

Wenn aber nicht nur die Skepsis gegenüber den Metaerzählungen postmodern ist, sondern auch die Chuzpe, an die Stelle der modernen Metaerzählungen und an die Stelle der vormodernen oder archaischen mythischen Erzählungen eine andere Metaerzählung zu setzen, dann ist der postexpressionistische Karl Barth der »Kirchlichen Dogmatik« ein postmoderner Theologe.[99]

Wie immer man Karl Barth jedoch nennt: Worauf es mir ankommt, ist eine andere Lesbarkeit seiner Theologie, die vom Ansatz her keineswegs reaktionär, sondern mehr als modern oder vielmehr hochaktuell ist. Denn sie beantwortet die Fragen, vor der unsere Gesellschaft angesichts zahlloser Geflüchteter und Migranten, angesichts des internationalen Terrors, angesichts des postfaktischen Zweifels an der Metaerzählung der Aufklärung, angesichts der Sehnsucht nach demokratieverachtenden Führern und angesichts der Subversion des abendländischen Subjekts durch die herrenlosen Gewalten des Internetmediums heute steht. Und diese Fragen lauten: »An welche Erzählungen glauben wir? Wie wollen wir uns selbst verstehen? Worauf vertrauen wir? Worauf hoffen wir?«

Karl Barth wusste, dass viele Menschen seiner Gegenwart nicht dazu neigten, seine schöne Gottesrede für wahr zu halten. Er erzählte seine Gottesgeschichte trotzdem – und zwar deshalb auf so unbändige und unbezähmbare Weise, weil die Erosion der geistigen und geistlichen Fundamente einer Zeit vielleicht nur aufzuhalten ist, indem man mit einer ganz anderen Erzählung gegen sie anerzählt – und zwar weit länger als tausendundeine

---

99 Siehe dazu Geoff Thompson und Christiaan Mostert (Hg.), Karl Barth: A Future for Postmodern Theology?, Hindmarsh 2000. Ich weise an dieser Stelle auch darauf hin, dass es erhebliche Berührungspunkte zwischen Karl Barth und den poststrukturalistischen französischen Philosophien gibt, die im Kielwasser von Adornos Hegel-Kritik als Anwälte des großgeschriebenen Anderen in Erscheinung treten. Vgl. exemplarisch Emmanuel Lévinas, Wenn Gott ins Denken einfällt. Diskurse über die Betroffenheit von Transzendenz, Freiburg, 3. Aufl. 2009. Siehe auch Jean-François Lyotard, Der Widerstreit, München 1989. Vgl. ferner Hans Jürgen Luibl (Hg.), Spurensuche im Grenzland. Postmoderne Theorien und protestantische Theologie, Wien 1996.

Nacht lang. Wäre Karl Barth also nicht vor fünfzig Jahren gestorben, würde er heute noch erzählen, und seine »Kirchliche Dogmatik« wäre auf sicherlich fünfzig Bände angewachsen.

Erzählungen retten uns das Leben. Auch erfundene und erdachte Worte können die Kraft haben, die Welt zu verändern. Und wenn dem so ist, sind sie wahr – wahrer als die Wirklichkeit des sogenannten Bodens der Tatsachen, den wir so oft für das einzig Wahre halten.

4. Die Verwandlung des Erlebten ins Erzählte
Eine Exkursion nach Mittelerde

Ich möchte Sie in diesem Kapitel ermuntern, den Boden der Tatsachen, von dem soeben die Rede war, einmal mehr zu verlassen und mit mir gemeinsam eine kleine Exkursion zu unternehmen – und zwar in die fiktive Welt von »Middle-Earth«[100]. Hören wir auf den folgenden Seiten einem anderen großen Erzähler zu: J. R. R. Tolkien.

In seinem populären mythischen Epos »The Lord of the Rings« thematisiert Tolkien das Verhältnis von Realität und Fiktionalität, von Erleben und Erzählen, von Geschichte und Geschichten. Tolkien legt seinen kleinwüchsigen Helden, den Hobbits Frodo Baggins und Samwise Gamgee, an entscheidender Stelle seiner Erzählung Sätze in den Mund, in denen sie die Tatsache reflektieren, dass sie sich in einer Erzählung befinden. Und gerade diese Tatsache ist es, die die vermeintlich letztinstanzliche Realität des trostlosen Erlebten tröstlich transzendiert.

Natürlich ist »Der Herr der Ringe« auch als theologische Erzählung und als christlicher Mythos lesbar, aber das soll hier nicht die Pointe sein. Zwar notierte Tolkien im Vorwort zur zwei-

---

100 Zu Deutsch: »Mittelerde«.

ten Auflage des »Lord of the Rings«: »I cordially dislike allegory in all its manifestations.«[101] In einem Brief an den Verleger Stanley Unwin (1884–1968) schrieb er im Juli 1947 jedoch: »[T]he better and more consistent an allegory is, the more easily it can be read ›just as a story‹; and the better and more closely woven a story is, the more easily can those so minded find allegory in it [...]. [A]llegory and story converge [...] somewhere in truth.«[102] Und seinem Freund, dem Jesuiten Robert Murray (*1925) gegenüber bekannte er im Dezember 1953 offen: »›The Lord of the Rings‹ is of course a fundamentally religious and Catholic work; unconsciously so at first, but consciously in the revision. That is why I have not put in, or have cut out, practically all references to anything like ›religion‹, to cults or practices, in the imaginary world. For the religious element is absorbed into the story and the symbolism.«[103] Der Katholik Tolkien verbarg also die religiöse und allegorische Dimension seines Werkes gut, so gut jedoch

---

101 Tolkien, Foreword to the Second Edition, in: ders., The Fellowship of the Ring being the First Part of The Lord of the Rings, London 1999, xviii. Zu Deutsch: »Mir ist Allegorie in all ihren Manifestationen aus tiefstem Herzen unsympathisch.« Die deutsche Übersetzung aller folgenden Tolkien-Zitate stammt von mir selbst. Ich gebe sie jeweils in den Fußnoten wieder, weil die englische Originalversion sprachlich eindrucksvoller als alle Übertragungen ist.

102 Humphrey Carpenter (Hg.), The Letters of J. R. R. Tolkien, Massachusetts 1981, 121. »Je besser und konsistenter eine Allegorie ist, desto leichter kann sie ›nur als eine Geschichte‹ gelesen werden; und je besser und dichter eine Geschichte gewoben ist, desto leichter können diejenigen, denen danach ist, das Allegorische in ihr finden [...]. Allegorie und Erzählung konvergieren irgendwo in der Wahrheit.«

103 A. a. O., 172. »›Der Herr der Ringe‹ ist selbstverständlich ein fundamental religiöses und katholisches Werk; zunächst unbewusst, aber im Rückblick um so bewusster. Deshalb habe ich keinerlei Bezüge auf so etwas wie ›Religion‹ oder kultische Praktiken eingebaut oder vielmehr praktisch all diese Bezüge aus der imaginären Welt getilgt. Denn das religiöse Element ist in der Geschichte und in ihrer Symbolik selbst aufgehoben.«

auch wieder nicht. Wie sein Oxford-Kollege und enger Freund C. S. Lewis (1898–1963) nutzte Tolkien die Anziehungskraft der Literatur auf die Einbildungskraft, um auf literarischem Weg fundamentale theologische Themen auszuloten.[104] Ich bemühe den Katholiken Tolkien und die »Mutter« aller Fantasygeschichten hier also zum einen, weil ich Tolkiens große Erzählung für eine große *theologische* Erzählung halte, zum anderen aber vor allem deshalb, weil sie zeigt, was Fiktionalisierung leisten kann.

Für diejenigen, die mit Tolkiens Kosmos nicht vertraut sind: der Hobbit Frodo Baggins muss den Ring des Verderbens dem Feuer des Schicksalsberges überantworten, in dem er vom »Dark Lord« Sauron, der Macht des Bösen geschmiedet wurde. Nur so kann die dunkle Macht zunichte gemacht und die Welt vom Bösen erlöst werden.

In einem der aussichtslosesten Augenblicke der Reise von Frodo und seinem getreuen Freund und Diener Samwise ins Herz der Finsternis, ins Land Mordor, stürzt Frodo wie Jesus im Garten Getsemane in perspektivlose Verzweiflung. Just in diesem Moment macht Tolkien, der Schöpfer der beiden Hobbits, das Erzählen selbst zum Gegenstand des Erzählten. Er lässt Samwise Gamgee, der Frodo, den geschwächten Helden, aufmuntern will, einen Blick in jene imaginäre Zukunft werfen, in der die zwei Hobbits Helden einer Sage, einer Legende, eines Liedes – eben einer großen Erzählung – geworden sind. Der Rekurs auf die erlittene Gegenwart als erzählte, in einer heilvollen Geschichte aufgehobene und dem Leid und der Erdenschwere entrückte Zukunft bringt jenes Happy End zum Vorschein, auf das in der erlebten Gegenwart nichts, aber auch gar nichts hindeutet – fast so wie in der Passionserzählung der Evangelien, von deren Protagonisten die nachösterlichen Evangelisten so erzählen,

---

104 So Alister McGrath, Foreword to: Lisa Coutras, Tolkien's Theology of Beauty. Majesty, Splendor and Transcendence in Middle-earth, New York 2016, vii-viii, dort viii.

dass das Osterlicht immer schon in die Erzählung hineinleuchtet. Dass das, was die beiden Freunde in Tolkiens Fantasy-Version der Passionsgeschichte auf ihrem Kreuzweg erleben, eines Tages von anderen als Heldengeschichte vorgetragen werden könnte, fungiert als Funke, der Hoffnung entzünden soll. Dass die erlebte Gegenwart irgendwann zu einer als Sieger- oder Heldengeschichte erzählten Vergangenheit werden könnte, transzendiert und transformiert die Aussichtslosigkeit des gegenwärtig Erlebten. Wir, Tolkiens Leserinnen und Leser, wissen, dass »Der Herr der Ringe« nur eine Geschichte ist, mag sie auch noch so viele zutiefst menschliche und zutiefst christliche Wahrheiten enthalten. Frodo und Sam indes wissen nicht, dass sie sich in einer Geschichte befinden, weil sie vom Erzähler der Geschichte ja eben in diese Geschichte eingeschlossen wurden. Für sie gilt, was auch für unser eigenes Leben gilt: dass, wie der Philosoph Søren Kierkegaard (1813–1855)[105] formulierte, dieses Leben vorwärts gelebt und rückwärts verstanden werden muss. Aber in dem Augenblick, in dem Sam gleichsam in die Rolle des Autors der Geschichte schlüpft oder vielmehr Tolkien in sein Geschöpf Sam schlüpft und das Erlebte aus dem antizipierten Rückblick der Zukunft als große Geschichte transparent macht, verliert der Ernst seinen Schrecken. Indem Sam schon das Lied singt, das vom Happy End erzählt, singt er, als die Nacht am schwärzesten ist, den Tag der Erlösung herbei: »The brave things in the old tales and songs, Mr. Frodo«, sagt Sam, »adventures, as I used to call them. I used to think that they were things the wonderful folk of the stories went out and looked for, because they wanted them, because they were exciting and life was a bit dull, a kind of a sport, as you might say. But that's not the way of it with the tales

---

105 Søren Kierkegaard, Die Tagebücher, Innsbruck 1923, 203. »Es ist ganz wahr, was die Philosophie sagt, dass das Leben rückwärts verstanden werden muss. Aber darüber vergisst man den andern Satz, dass vorwärts gelebt werden muss.«

that really mattered, or the ones that stay in the mind. Folk seem to have been just landed in them, usually – their paths were laid that way, as you put it.«[106] – Der weise Samwise weiß also um die Kontingenz des In-der-Welt-Seins. Er weiß um das Geworfensein jedes Menschen ins Dasein. Wir finden uns in einer Geschichte vor, ohne etwas dafür zu können. Diese Geschichte ist unser Leben, das sich entfaltet, ohne dass wir wissen, ob es dem Drehbuch eines Regisseurs folgt und ob es ein Buch unseres Lebens gibt, in dem hernach alles aufgeschrieben wird oder alles schon zuvor aufgeschrieben war.

In meiner Verwendung des Wortes »Geschichte« im soeben geschriebenen Satz scheint übrigens selbst schon dessen Mehrdeutigkeit auf, die im biblisch-hebräischen Wort »*dabar*« noch deutlicher zum Ausdruck kommt. Denn »*dabar*« kann sowohl das gesprochene Wort als auch die geschehene Tat, es kann die sich entrollende Geschichte, die vollzogene Handlung und den ergangenen Spruch bedeuten. Dass der schöpferische Gott spricht und dass das Gesagte durch das göttliche Wort wirklich wird[107], macht Gott zu einem Autor, aus dessen Feder das fließt, was wir als Wirklichkeit erleben.

Aber gibt es diesen Autor wirklich? Oder existiert er nur in der Bibel? Ist er eine Schöpfung von Erzählern, die Geschichten erzählen? Oder ist unsere Geschichte tatsächlich in einer gött-

---

106 J. R. R. Tolkien, The Two Towers, being the second part of The Lord of the Rings, London 1999, 399. »Das Tapfere in den alten Geschichten und Liedern, Meister Frodo – Abenteuer, wie ich sie zu nennen pflegte –, ich dachte immer, dass es das war, um dessentwillen das wundervolle Volk der Erzählungen hinauszog und nach dem es suchte, weil es sich danach sehnte, weil es aufregend war und das Leben ein bisschen langweilig. Nur zum Spaß, sozusagen. Aber so ist es nicht. Jedenfalls nicht in jenen Erzählungen, die wirklich zählten oder wirklich im Gedächtnis blieben. Die Menschen schienen meist irgendwie in sie hineingefallen zu sein – sie waren auf diesen Weg gestellt worden, wie du sagst.«
107 Siehe dazu Gen 1.

lichen Geschichte aufgehoben? Befinden wir uns wie Tolkiens kleine Helden in einer Geschichte, deren Autor nicht allein der absurde Zufall einer geist-, willen- und lieblosen Kontingenz, sondern Gott selbst ist? Und können wir unser Leben so sehen, als wäre es Teil einer großen Geschichte, über deren Happy End bereits von Anfang an entschieden ist? Wenn wir dies könnten, würde das dem, was wir erleben, zweifellos seinen Schrecken nehmen.

Leider ist die ungewisse Spannung unseres Daseins aber nicht mit jener Spannung identisch, die wir empfinden, wenn wir eine spannende Geschichte lesen oder als Film vor uns ablaufen lassen. In dem Augenblick, in dem wir uns in Buchstaben oder bewegte Bilder vertiefen, halten wir für wirklich, was wir sehen oder lesen, ohne es für wirklich zu halten. Im Leben ist das anders – es sei denn, der Glaube würde uns aus der Unmittelbarkeit des Erlebten entrücken, und die Wirklichkeit Gottes und seiner Heilsgeschichte würde für uns zur letzten, maßgeblichen Wirklichkeit werden. – Andererseits sind Geschichten auf eine Weise nicht wirklich, als wären sie es. Wenn uns eine Erzählung fesselt, sind wir in ihr. Wie ihre Protagonisten finden wir uns darin vor. Nicht wir verschlingen die Erzählung. Sie verschlingt uns. Wenn sie uns so packt, dass wir es vor Spannung nicht mehr aushalten, können wir ihr aber auch einfach entrinnen und wie die Kinder, denen eine Geschichte vorgelesen wird, sagen: »Shut the book now, dad; we don't want to read any more.«[108] Das Leben kann man, wenn man sich nicht das Leben nehmen will, leider nicht zuklappen. Man kann aber vielleicht den Mut finden, es weiterzuleben, wenn man die Hoffnung nicht verloren hat, dass das Happy End der Geschichte unseres Lebens von ihrem göttlichen Autor schon geschrieben ist, der wie der irdische Autor der

---

108 J. R. R. Tolkien, The Two Towers, 401. »Klapp das Buch jetzt zu, Papa; wir wollen nicht weiterlesen.«

Geschichte der Gefährten Frodo und Sam von ihrem glücklichen Ende längst weiß.

Während Tolkiens Helden sich noch auf der Schwelle zur Hölle wähnen, an der sie wie in Dante Alighieris (1265–1321) »Göttlicher Komödie« alle Hoffnung fahren lassen, sind sie im Geiste ihres Schöpfers und Erlösers schon längst dem Verderben entronnen. Das gilt nicht nur für Tolkiens Fantasy-Geschichte. Es gilt ebenso für die große theologische Fantasy-Geschichte, die Karl Barth erzählt. Und wenn wir Barths Geschichte glauben, dann gilt es auch für die Geschichte, in der wir selbst uns befinden. Denn die »Kirchliche Dogmatik« erzählt unsere Geschichte als eine Geschichte, in der alles gut ist, in der das Böse unwirklich und nichtig geworden ist und in der Gottes Heilswillen und Heilswirken in Jesus Christus die einzig wirkmächtigen Wirklichkeiten sind – letztlich wirklicher als alles, was uns das Leben schwer macht.

Geschichten sind Sprachereignisse. Sie sind Wirklichkeiten auch dann, wenn sie Fiktionen sind. Und genau das trifft eben auch für das Panorama der großen Geschichte Gottes mit dem Menschen zu, das Karl Barth in den dreizehn Bänden seiner »Kirchlichen Dogmatik« entfaltet. Wenn wir die von Barth erzählte Geschichte zur Geschichte unseres Lebens machen, sie also so in Fleisch und Blut übergehen lassen, dass wir sie gewissermaßen für wirklicher und für wahrer halten als die vermeintlich einzig wahre Wirklichkeit, die sich auf dem sogenannten Boden der Tatsachen entfaltet, sind wir dieser Wirklichkeit schon zumindest ein Stück weit entronnen und können auf unsere Geschichte vielleicht sogar mit jener Glaubensheiterkeit[109] blicken, die Karl Barth selbst verkörperte. Überspitzt gesagt: Wenn das Unwirkliche wirklicher wird als das Wirkliche, wird das

---

109 Vgl. dazu Eberhard Busch, Glaubensheiterkeit. Karl Barth. Erfahrungen und Begegnungen, erzählt von Eberhard Busch, Neukirchen-Vluyn 1994.

Wirkliche unwirklicher – ganz im Sinne von Joh 16,33. Dort lässt der Evangelist Jesus sagen: »In der Welt habt ihr Angst. Aber seid getrost: Ich habe die Welt überwunden.« Ob man diese heilsame Weltfremdheit gnostisch nennen kann, weil sie die Welt virtualisiert[110] und als unwesentliches Uneigentliches dahingestellt sein lässt, lasse ich dahingestellt. Aber es ist doch sichtbar, was das ernste literarische und theologische Spiel mit dem Verhältnis von erlebter und erzählter Geschichte zu Tage fördert: die Erkenntnis der Freiheit der Kinder Gottes, um die es Karl Barth zeit seines Lebens, Denkens und Glaubens zu tun war.

Ich habe übrigens lange damit geliebäugelt, diesem Buch einen anderen Titel zu geben, nämlich »Science Fiction – Die Theologie Karl Barths«[111]. Ich hätte damit sichtbar machen wollen, dass die wissenschaftliche Theologie Karl Barths als theologische Fiktionalisierung begriffen werden kann – nicht ohne zu unterstreichen, dass sie ihre wirklichkeitserschließende Kraft und ihre theologische Ernsthaftigkeit keineswegs verliert, wenn man die »Kirchliche Dogmatik« als große Erzählung liest. Weil ich aber ahne, dass mein Unterfangen der Relecture Karl Barths unter einem derartigen Titel von vornherein für unwissenschaftlich oder unernst hätte gehalten werden können, habe ich dann doch die Finger davon gelassen.

A propos Ernst: Kehren wir noch einmal zu Tolkiens Epos zurück. Um seinen Freund Frodo noch in todernster Lage zu ermutigen und aufzuheitern, fährt Sam fort, Frodo die wahren Helden der großen Erzählungen vor Augen zu halten. Dabei schimmert die Passion Jesu für christlich sensible Leserinnen und

---

110 Zum Thema Weltfremdheit siehe auch Peter Sloterdijk, Weltfremdheit, Frankfurt a. M. 1993.
111 Siehe dazu auch meinen Aufsatz »Theologie – Eine Kunst«, 17. Dort schrieb ich: »Karl Barths eigene ›Kirchliche Dogmatik‹ ist das prominenteste Beispiel für die beschriebene ›*metabasis eis allo genos*‹ der Theologie in das Genre der *science fiction*.«

Leser einmal mehr zwischen den Zeilen hindurch. »[I] expect«, sagt Sam, »they had lots of chances, like us, of turning back, only they didn't. And if they had, we shouldn't know, because they'd have been forgotten. We hear about those as just went on – and not at all to a good end, mind you; at least not to what folk inside a story and not outside it call a good end. You know, coming home, and finding things all right, though not quite the same – like old Mr. Bilbo. But those aren't always the best tales to hear, though they may be the best tales to get landed in! I wonder what sort of a tale we've fallen into!«[112] – »I wonder«, erwidert Frodo. »But I don't know. And that's the way of a real tale. Take any one that you're fond of. You may know, or guess, what kind of a tale it is, happy-ending or sad-ending, but the people in it don't know. And you don't want them to.«[113] – Und Sam schöpft erneut die Doppelbedeutung des Wortes »Geschichte« aus und spielt auf die Tatsache an, dass er sich nicht an der Grenze des Landes Mordor,

---

112 Tolkien, The Two Towers, 399f. »[I]ch denke«, sagt Sam, »sie hatten viele Möglichkeiten umzukehren – wie wir. Nur kehrten sie eben nicht um. Und wenn sie umgekehrt wären, wüssten wir nichts von ihnen, weil sie längst vergessen wären. Wir wissen nur von jenen, die weitergingen – und wohlgemerkt keineswegs immer ein gutes Ende fanden; jedenfalls kein Ende, das die Leute in einer Geschichte und nicht außerhalb der Geschichte als ein gutes Ende bezeichnen würden. Du weißt schon: heimkommen und alles in Ordnung, wenngleich nicht alles wie immer vorfinden – wie der alte Meister Bilbo. Aber diese Geschichten sind nicht immer die, die wir am liebsten hören – auch, wenn es wahrscheinlich die Geschichten sind, in denen man sich am liebsten vorfindet. Ich frage mich, in welche Art von Geschichte wir hineingeraten sind!«

113 A. a. O., 400. »Das frage ich mich auch«, erwidert Frodo. »Aber ich weiß es nicht. Und so ist das mit einer richtigen Geschichte. Nimm irgendeine, die du gern hast. Du magst wissen oder vermuten, was es für eine Art von Geschichte ist – ob sie glücklich oder traurig endet. Aber die Leute in der Geschichte wissen es nicht. Und man will auch nicht, dass sie es wissen.«

sondern in einer Erzählung befindet – so, wie sich Jesus im Garten Getsemane und auf dem Weg ans Kreuz nicht nur in einer trostlosen Situation, sondern in Wahrheit in der Heilsgeschichte Gottes mit den Menschen befindet, die gewissermaßen zwei Naturen hat: eine todtraurige, fürchterlich zu erlebende Natur und eine menschheitsrettende, erhebende Natur. Denn der erniedrigende Gang ans Kreuz ist nicht allein der einsame Weg des alleingelassenen Menschensohns ins Nichts, sondern – wie Barth in den Paragrafen 58 und 59 seiner Versöhnungslehre betont – der Weg, auf dem die wahre Göttlichkeit Jesu Christi offenbar wird. Denn: »Dass Jesus Christus wahrer Gott ist, erweist sich in seinem Weg in die Fremde, in der er, der Herr, zum Knecht wurde.«[114] – Sam, der anders als Simon Petrus in den biblischen Evangelien seinen Herrn nie und nimmer alleinlassen würde, sagt also auf dem immer steiniger werdenden Weg vom paradiesischen Auenland in die Fremde Mordors: »Still, I wonder if we shall ever be put into songs or tales. We're in one, of course; but I mean: put into words, you know, told by the fireside or read out of a great big book with red and black letters, years and years afterwards. And people will say: ›Let's hear about Frodo and the Ring!‹ And they'll say: ›Yes, that's one of my favorite stories. Frodo was very brave, wasn't he, dad?‹ ›Yes, my boy, the famousest of the hobbits, and that's saying a lot.‹«[115]

---

114 Karl Barth, Kirchliche Dogmatik Bd. IV,1, Zürich 1953, 171.
115 Tolkien, The Two Towers, 400. »Ich frage mich immer noch, ob wir jemals einen Platz in Liedern oder Geschichten haben werden. Sicherlich: wir befinden uns in einer. Aber ich meine: in einer Geschichte, die aus Worten besteht, weißt du. In einer Geschichte, die am Lagerfeuer erzählt oder aus einem riesengroßen Buch mit roten und schwarzen Buchstaben vorgelesen wird, auch viele Jahre später noch. So, dass die Menschen sagen werden: ›Lasst uns über Frodo und den Ring hören!‹ Und so, dass andere rufen: ›Ja, das ist eine meiner Lieblingsgeschichten. Frodo war sehr tapfer, nicht wahr, Papa?‹ – ›Ja, mein Kind, der Allerberühmteste aller Hobbits, und das will sehr viel heißen.‹«

Ich will die Passion Christi an dieser Stelle keineswegs trivialisieren. Aber genau diese Frage, ob nämlich die Geschichte ihres Freundes und Meisters Jesus jemals erzählt, verlesen oder gar eines Tages als Offenbarung Gottes geglaubt werden würde, könnten sich die Jünger und Jüngerinnen Jesu und sogar Jesus selbst gestellt haben. Dem Kreis der Jesusbewegung ist es ja zweifellos zu verdanken, dass wir die Erzählungen von Jesus von Nazaret auch viele Jahre später noch aus dicken großen Büchern mit schwarzen Buchstaben lesen und als Offenbarungen des wahren Gottseins und des wahren Menschseins entziffern können.

Als Samwise Gamgee das Kind zitiert, das in einer fernen Zukunft zu seinem Vater sagt: »Frodo was very brave, wasn't he, dad?«, und dieser erwidert: »Yes, my boy, the famousest of the hobbits, and that's saying a lot.«, widerfährt Frodo, was sein Freund Sam beabsichtigt: Im größten Elend muss er lachen. Und dieses Lachen, das von der absurd anachronistischen Vorstellung herrührt, dass das Erlebte schon vorüber ist und trotz allen Leidens ein gutes Ende genommen haben muss, weil es ja sonst nicht Eingang in die Erzählung einer großen heldenhaften Passion gefunden hätte, ist ein Lachen, das in Tolkiens Epos weltverwandelnde, ja welterlösende Züge trägt. – Frodo ruft: »›It's saying a lot too much‹, and he laughed a long clear laugh from his heart. Such a sound had not been heard in those places since Sauron came to Middle-Earth. To Sam suddenly it seemed as if all the stones were listening and the tall rocks leaning over them. But Frodo did not heed them; he laughed again. ›Why, Sam‹, he said, ›to hear you somehow makes me as merry as if the story was already written.‹«[116]

---

116 A. a. O., 401. »›Viel zu viel will es heißen.‹ Und er lachte aus tiefstem Herzen ein lang anhaltendes klares Lachen. Seit Sauron nach Mittelerde gekommen war, hatte man in dieser Gegend kein solches Geräusch mehr gehört. Sam schien es plötzlich, als spitzten alle Steine ihre Ohren und als steckten die riesigen Felsen ihre Köpfe über ihnen

Dabei sind die zwei Freunde noch immer am trostlosesten Ort der Geschichte verloren. Und weil beiden, Sam und Frodo, das glückliche Ende der gerade erlebten Geschichte zu unwahrscheinlich scheint, um wahr sein zu können, werden sie traurig darüber, dass sie das Ende der Geschichte aller Wahrscheinlichkeit nach nicht erleben und nicht hören werden, wie ihre Geschichte eines Tages als Geschichte mit gutem Ausgang von anderen erzählt wird. »›What a tale we have been in, Mr. Frodo, haven't we?‹ he said. ›I wish I could hear it told!‹«[117] »And I wonder how it will go on after our part.«[118]

Als das Ende besiegelt zu sein scheint, weil der glühend heiße Lavastrom des feuerspeienden Schicksalsbergs nach der Vernichtung des Rings den Gefährten den Rückweg versperrt und das Leben zu nehmen droht, erzählt Sam noch immer gegen die Hoffnungslosigkeit an und wird zur Scheherazade, die den Tod durch eine große lebensrettende Erzählung auf Abstand zu halten sucht – auch, wenn diese Erzählung vielleicht ein Märchen ist, das die Hoffnung nur im Irrealis nicht fahren lässt.

Große Geschichten haben die Kraft, Menschen, die in üble Geschichten hineingeraten sind, die Furcht zu nehmen, zu stärken und sie herauszureißen aus den finsteren Tälern der Realität. Also erzählt Samwise Gamgee, um die Angst bis zum allerletzten Augenblick fernzuhalten[119]. Und indem er die reale

---

zusammen. Aber Frodo fürchtete sie nicht. Er lachte noch einmal. ›Ach Sam‹, sagte er, ›dich das sagen zu hören macht mich so glücklich, als wäre die Erzählung schon erzählt und die Geschichte schon geschrieben.‹«

117 J. R. R. Tolkien, The Return of the King, being the second part of The Lord of the Rings, London 1999, 273. »›In was für einer Geschichte wir waren, nicht wahr, Meister Frodo?‹, sagt er. »›Ich wünschte, ich könnte hören, wie sie erzählt wird!‹«
118 A. a. O., 272. »Und ich frage mich, wie die Geschichte nach unserem Teil weitergeht.«
119 Ebd.

Geschichte in eine fiktionale Geschichte und das Erlebte in eine Erzählung verwandelt, verwandelt er Wirklichkeit – so, wie die große Erzählung der Passion Gottes und die große Erzählung der »Kirchlichen Dogmatik« Wirklichkeit durch Fiktionalisierung derart verwandelt, dass nicht das Fiktionale, sondern das Reale zum Uneigentlichen wird und das Allerernsteste so ernst auch wieder nicht zu sein scheint. Diese Verwandlung von Wirklichkeit durch die große Gegenerzählung des christlichen Glaubens könnte also in der Tat das Kinderspiel sein, von dem der frühe Barth sprach, das er aber noch nicht zu spielen wagte, als er vor beinahe einhundert Jahren schrieb: »*Wir sollen als Theologen von Gott reden. Wir sind aber Menschen und können als solche nicht von Gott reden. Wir sollen beides,* unser Sollen und unser Nicht-Können, *wissen und eben damit Gott die Ehre geben. Das ist unsre Bedrängnis. Alles Andre ist daneben Kinderspiel.*«

Am Ende von Tolkiens »Herr der Ringe« herrscht nicht mehr der »Dark Lord«, sondern helle Freude über die erlösende Befreiung Mittelerdes vom Bösen. Tolkien nannte das Happy End, die finale glückliche Wendung einer Geschichte, »eucatastrophe«[120]. Stärke, Sinn und Ziel aller großen Erzählungen und aller Märchen ist es Tolkien zufolge, diese Eukatastrophe märchenhafter Freude auszulösen. Über sie notierte Tolkien, der tollkühne Märchenerzähler[121], was sich genauso über die glücklich gefügte große Erzählung der märchenhaften »Kirchlichen Dogmatik« Karl Barths sagen ließe: »In its fairy-tale – or otherworld – setting, it is a sudden and miraculous grace […]. It does not deny the existence of dyscatastrophe, or sorrow and failure: the possibility of these is necessary to the joy of deliverance; it denies (in the face of much evidence, if you will) universal final defeat and in so

---

120 J. R. R. Tolkien, On Fairy-Stories, in: ders., The Monsters and the Critics and Other Essays, hg. von Christopher Tolkien, London 1983, 109–161, 153.
121 So Tolkien über sich selbst. A. a. O., 109.

far is evangelium, giving a fleeting glimpse of Joy, Joy beyond the walls of the word [...]. ([I]n the eucatastrophe, we see in a brief vision that the answer may be greater – it may be a far-off gleam or echo of evangelium in the real world.«[122] – Dass die märchenhafte Freude der »Eukatastrophe« von Barths »Kirchlicher Dogmatik« ein fernes Echo des Evangeliums ist, steht außer Zweifel. Denn genau dieses Echo, das auch das Echo des Osterlachens ist, wollte Barth hörbar machen. Und so wird seine Theologie zum Vor-Schein einer Welt, die auch am Ende des »Lord of the Rings« herbeierzählt wird: des Reiches Gottes, in dem alles gut ist.

---

122 A. a. O., 153 und 155. »Im Märchen- oder Andersweltszenario ist diese Freude urplötzliche und wunderbare Gnade [...]. Sie leugnet die Existenz der Dyskatastrophe, der Sorge und des Versagens nicht: deren Möglichkeit ist zur Freude der Erlösung nötig; sie leugnet (gegen alle Wahrscheinlichkeit, wenn man so will) nur die universale endgültige Niederlage. Insofern ist sie Evangelium. Sie gewährt also einen flüchtigen Blick auf die wahre Freude, die Freude jenseits der Grenzen der Welt [...]. In der Eukatastrophe erkennen wir in einer punktuellen Vision, dass die Antwort größer ist; diese Vision könnte nämlich ein ferner Schimmer oder ein Echo des Evangeliums in der wirklichen Welt sein.«

5. Gottestheater mit Zuschauer
Anerkennung und Applaus

Wir Menschen der wirklichen Welt kennen den Ausgang der Geschichte unseres persönlichen irdischen Lebens nicht, in die wir durch unsere Geburt hineingeraten sind. Das haben wir mit Tolkiens Geschöpfen gemeinsam. Wir sind nicht nur Leserinnen und Leser des Buches des Lebens, in dem wir vorkommen, aus dem wir uns herauslesen und in das wir uns hineinlesen. Wir haben dieses Leben selbst zu führen. Wir sitzen nicht nur als Zuschauer und Zuschauerinnen, die sich ein Stück ansehen, in einem Theater. Und wir können das Spiel unseres Lebens auch nicht einfach als mehr oder weniger beteiligtes, hingerissenes, schockiertes, amüsiertes oder begeistertes Publikum betrachten. Wir sind die Hauptdarsteller des Spiels. Und wir hatten keine Gelegenheit, das ernste Spiel unseres Lebens zuvor einzustudieren, um auf der Bühne des Lebens eine bessere Figur zu machen. *Life is live.*

Das entscheidende und vielleicht sogar einzige Thema von Karl Barths »Kirchlicher Dogmatik« ist das Leben Gottes, das sich als Bund Gottes mit dem Menschen verwirklicht. Dieser Bund ist der innere Grund der Schöpfung, und die Schöpfung ist der äußere Grund dieses Bundes, also die Bühne, auf der sich die so schmerzliche wie glückliche Verbindung von Gott und Mensch vollzieht. Der innere Grund des Bundes und also die eigentliche Motivation der Schöpfung aber ist die Liebe Gottes. »Der innere Grund des Bundes ist Gottes freie Liebe ganz allein.«[123] Wir bestehen nicht nur aus Elementarteilchen. Wir sind aus Liebe. Wir verdanken uns, wie Karl Barth in zahllosen Variationen über die verschiedenen Teilbände seiner Dogmatik hinweg nicht müde wird zu betonen, der Gnadenwahl Gottes. Und wenn es eine Mitte der »Kirchlichen Dogmatik« gibt, dann ist es diese Lehre von Gottes Gnadenwahl, die sogenannte Erwählungslehre. In den Zusammenfassungen der Paragrafen 32 und 33 im zweiten Halbband des zweiten Bandes der »Kirchlichen Dogmatik« hat Barth sie auf den Punkt gebracht: »Die Erwählungslehre ist die Summe des Evangeliums, weil dies das Beste ist, was je gesagt und gehört werden kann: dass Gott den Menschen wählt und also auch für ihn der in Freiheit Liebende ist. Sie ist in der Erkenntnis Jesu Christi begründet, weil dieser der erwählende Gott und der erwählte Mensch in Einem ist. Sie gehört darum zur Lehre von Gott, weil Gott, indem er den Menschen wählt, nicht nur über diesen, sondern in ursprünglicher Weise über sich selbst bestimmt. Ihre Funktion besteht in der grundlegenden Bezeugung der ewigen, freien und beständigen Gnade als des Anfanges aller Wege und Werke Gottes.«[124] Und weiter: »Die Gnadenwahl ist der ewige Anfang aller Wege und Werke Gottes in Jesus Christus, in welchem Gott in freier Gnade sich selbst für den sündigen Menschen und den sündigen Menschen für sich bestimmt und also die Verwerfung des Menschen mit allen ihren Folgen auf sich selber nimmt und den Menschen erwählt zur Teilnahme

---

123 Karl Barth, Kirchliche Dogmatik Bd. III,1, Zürich 1945, 106f. Siehe auch 261f.
124 KD II,2, 1. Vielleicht hätte Barth besser schreiben sollen, die Erwählung, nicht die Erwählungs*lehre* sei die Summe des Evangeliums. Aber offenbar verstand er seine Theologie ja tatsächlich als Evangelium.

an seiner eigenen Herrlichkeit.«[125] In der Versöhnungslehre der »Kirchlichen Dogmatik« wird dies passions- und kreuzestheologisch zugespitzt – insbesondere im zentralen Paragrafen 59. Dort heißt es wie bereits erwähnt: »Dass Jesus Christus wahrer Gott ist, erweist sich in seinem Weg in die Fremde, in der er, der Herr, zum Knecht wurde. Denn es geschah in der Herrlichkeit des wahren Gottes, dass der ewige Sohn seinem ewigen Vater darin gehorsam wurde, dass er sich selbst dazu hergab und erniedrigte, des Menschen Bruder zu werden, sich neben ihn, den Übertreter zu stellen, ihn damit zu richten, dass er sich selbst an seiner Stelle richten und in den Tod geben ließ.«[126]

Die Erwählungslehre ist, weil sie von nichts anderem als vom Evangelium zeugt, ebenso wie die Versöhnungslehre »ursprünglich und letztlich gerade nicht dialektisch«[127]. Will heißen: Barths Theologie ist keine dialektische Theologie mehr, die sich des Negativen bedient, um das Positive zur Darstellung zu bringen. »Sie verkündigt nicht im gleichen Atemzug Gutes und Böses, Hilfe und Vernichtung, Leben und Tod. Sie wirft freilich auch einen Schatten [...]. Aber sie selbst ist Licht und nicht Dunkel [...]. Sie sagt [...] in ihrer Substanz, in ihrem ersten und letzten Wort Ja und nicht Nein [...]. Dass Gott Gott ist in seinem Wesen als der in Freiheit Liebende, das wird als ein uns zugewandtes Gutes offenbar in der der Wahrheit dieses seines Wesens zugeordneten Tatsache, dass Gott in seiner Gnade wählt, dass er sich dem Menschen zuwendet, indem er handelt in jenem Bunde mit dem einen Jesus von Nazaret und dem von ihm vertretenen Menschenvolk. Alle Freude, alle Wohltat dieses ganzen Werkes als Schöpfer, Versöhner und Erlöser, alles göttlich Gute und damit wirklich Gute, die ganze Verheißung des explizierten Evangeliums ist darin begründet und beschlossen, dass Gott der Gott

---

125 A. a. O., 101.
126 KD IV,1, 1.
127 KD II,2, 12f.

der ewigen Wahl seiner Gnade ist. Vom Licht dieser Wahl her wird das Ganze des Evangeliums Licht. Indem hier Ja gesagt wird, sind alle Gottesverheißungen Ja und Amen.«[128]

Im Grunde ist mit diesen glorreichen Sätzen inhaltlich alles über Barths Gotteslehre, Barths Christologie, Barths Anthropologie und letztlich auch über Barths Eschatologie gesagt. Und es ist auch alles darüber gesagt, was Barth aus der Bibel als deren Mitte herausliest. Mit den Worten des Theologen Eberhard Jüngel (*1934): »Der Fund, den man in den biblischen Texten machen kann, wird von Barth mit einem einzigen Wort zur Sprache gebracht. Und dieses Wort heißt: *Ja*.«[129] Wohlgemerkt: nicht das menschliche Ja zum Leben, zur Welt, zu allen Dingen oder zu Gott, sondern das Ja Gottes.

Weil es in Barths Denken ausschließlich und in zahllosen Variationen um das Thema dieses göttlichen Ja geht, ist das Gravitationszentrum der Theologie Karl Barths anders als in vielen anderen neuzeitlichen theologischen Entwürfen nicht der Mensch und dessen religiöse oder ethische Verwirklichung oder Verfehlung, sondern allein Jesus Christus, in dem das Wesen und die Bestimmung Gottes, das Wesen und die Bestimmung des Menschen und das Wesen und die Bestimmung der Schöpfung, also des gesamten Kosmos, verwirklicht sind. In Christus erkennen wir, wie die Realisierung des Guten, der Sieg über den Tod, das Reich Gottes und das Gericht über die Sünde aussehen. Er ist der richtende und versöhnende Gott. Und er ist auch der gerichtete und der versöhnte Mensch. Er zeigt uns als Gekreuzigter, was Gott es sich hat kosten lassen, um uns in die Freiheit der Kinder Gottes zu führen und der Sünde die Macht zu nehmen, die

---

128 Ebd.
129 Eberhard Jüngel, Provozierende Theologie. Zur theologischen Existenz Karl Barths (1921–1935), in: Michael Beintker, Christian Link und Michael Trowitzsch (Hg.), Karl Barth in Deutschland (1921–1935). Aufbruch – Klärung – Widerstand, Zürich 2005, 41–55, dort 47.

letztlich nur, wenn überhaupt ein Schatten ihrer selbst ist. Und er zeigt uns als Auferstandener, wie es um unsere Zukunft bestellt ist. – All das heißt aber nichts anderes, als dass der einzige wahre und wirkliche Held der Erzählung Karl Barths Jesus Christus ist. Nicht wir sind es – und hätten wir uns auch religiös, ethisch oder politisch bestmöglich verwirklicht.

Dass Christus das Gravitationszentrum des kosmischen Dramas ist, das sich in Barths Dogmatik entfaltet, hat illustre Konsequenzen für unsere, also des Menschen Rolle in diesem Drama. Ich will es so formulieren: Christus zieht alles, was Religion, Philosophie, Moral, Psychotherapie, Pädagogik und Lebensweisheit dem Menschen abverlangen, auf sich. Er saugt es gewissermaßen vom Menschen ab und in sich hinein. Dieses theologische Absaugmanöver reinigt den Menschen nicht nur, es befreit ihn auch von allen Notwendigkeiten der Selbstreinigung und von allen Möglichkeiten, seine Heilung durch Gott in irgendeiner Weise als Personenmerkmal seiner selbst Gestalt gewinnen zu lassen. Oder anders gesagt: Die Befreiung des Menschen durch Gott ist so radikal, dass sie auch eine Befreiung von allen menschlichen Versuchen ist, die eigene Existenz religiös, moralisch oder theologisch zu interpretieren und am eigenen Leib existenziell zu reflektieren. Der Mensch ist frei, frei zu sein. – Erneut zeigt sich also die konsequente Diesseitigkeit und Weltlichkeit der Theologie Karl Barths, die den Menschen sein lässt, wie er ist.

Auf die Bühnen- und Theatermetapher bezogen heißt dies, dass der Mensch, obwohl er natürlich eine Figur auf der Bühne der Weltgeschichte ist, von Karl Barth zugleich zum Zuschauer[130] des Heilsgeschehens verurteilt oder vielmehr begnadigt wird. Augenzwinkernd gesagt: Der Mensch braucht nach Karl Barth nichts anderes zu tun, als sich die in dreizehn Bänden der »Kirchlichen Dogmatik« entfaltete Heilsgeschichte gefallen zu lassen. Er kann sich zurücklehnen und darf, wie Frodo Baggins und Sam-

---

130   Siehe dazu insbesondere KD IV,1, 13f.

wise Gamgee nach ihrer Rettung auf Adlers Fittichen aus Mordor, bester Dinge der Erzählung von der Erlösung der Welt lauschen, deren Held er anders als Frodo und Sam freilich nicht ist – wobei auch der Held des »Herrn der Ringe« letztlich weder Frodo noch Sam, sondern der Schöpfer der Geschichte selbst ist.

Zuhörer oder Zuschauer sein zu dürfen, ist im Grunde eine großartige Entlastung und Befreiung – zumal das Drama, als das die eigene Lebensgeschichte, die Erdgeschichte und die Geschichte des Kosmos betrachtbar werden, wenn wir diese Geschichten im Licht der »Kirchlichen Dogmatik« besehen, keine Tragödie ist. Es endet anders als die meisten Dramen der antiken Griechen oder William Shakespeares (1564–1616) nicht in einer Dyskatastrophe, sondern hat wie das Fantasy-Drama um die Hobbits und ihre Heimat Mittelerde ein wunderbar glückliches, eukatastrophales Ende – und zwar deshalb, weil es auch einen glücklichen Anfang hat: die innertrinitarische Gnadenwahl Gottes nämlich.

Wenn man die Geschichte des eigenen Lebens und der Welt der Gegenwart durch die Brille von Barths zweitem Römerbriefkommentar betrachtete, konnte einem noch kalt und beklommen ums Herz werden, weil die einzigen Spuren Gottes auf Erden Zerstörung, Leid, Krise und Tod waren. Die Landschaft des »Römerbriefs« war dem Land Mordor in Tolkiens Drama näher als dem Auenland, der paradiesischen Heimat der Hobbits.

Aber natürlich ist die Hölle von Mordor eher nach dem Geschmack der ästhetischen Moderne, die *happy endings* scheut wie der Teufel das Weihwasser und die letztlich genauso ein Faible für die *aesthetica crucis*[131] hat, wie Barths *theologia crucis* des zweiten Römerbriefkommentars ein Faible für die formalen und inhaltlichen Welt- und Menschenbilderschütterungen der ästhetischen Moderne hat. Diese ästhetische Moderne orientierte sich eher an der »An-Ästhetik« spätgotischer Kreuzesdarstellungen

---

131 Siehe dazu Frisch, Aesthetica crucis.

als an den skulpturalen Schönheiten des Griechentums oder der Renaissance. Das Jerusalemer Modell des Menschen war ihnen näher als das Athener Modell. Das trifft übrigens auch konkret historisch zu. Viele der deutschen Expressionisten begeisterten sich etwa für Matthias Grünewalds (1470–1528) spätgotische Darstellungen des Gekreuzigten, die sie als expressionistisch empfanden. Am Ende des Ersten Weltkriegs sahen Tausende – unter ihnen der Schriftsteller Thomas Mann (1875–1955) – den gewaltversehrten gekreuzigten Christus des »Isenheimer Altars«, der vorübergehend aus dem umkämpften deutschen Elsass in die Alte Pinakothek nach München ausgelagert worden war. »Nie«, so der Kunsthistoriker Wilhelm Hausenstein (1882–1957), »können Menschen so zu einem Bild gewallfahrt sein; es sei denn in der Mitte des Mittelalters gewesen.«[132] Die Deutschen nahmen den zerschlagenen Christus als Identifikationsfigur für alle Zerschlagenen und an Leib und Seele Gedemütigten wahr. Sie hätten damit gar nicht so unrecht gehabt, hätten sie Christus nicht plump nationalistisch instrumentalisiert. Hausenstein selbst, der sich nach dem Zweiten Weltkrieg engagiert der Pflege der deutschfranzösischen Freundschaft widmete, bezeichnete ihn als nationales Kunstwerk[133], das das deutsche Volk und Wesen am meisten angehe, weil es ein Sinnbild der deutschen Kriegserfahrung sei. Der Rücktransport des Isenheimer Altars in das seit Kriegsende wieder französische Colmar wurde von vielen Deutschen denn auch als großer Verlust und als Schmach empfunden. – Die Kreuzestheologie von Barths »Römerbrief« traf also den Nerv seiner krisengeschüttelten Zeit, aus deren Grund freilich anders als bei

---

132 Wilhelm Hausenstein, Der Isenheimer Altar, in: Münchener Neueste Nachrichten, Dezember 1918, 13. Vgl. auch ders., Der Isenheimer Altar. Hirth Verlag, München 1919. Siehe ferner Ann Stieglitz, The Reproduction of Agony: toward a Reception-history of Grünewald's Isenheim Altar after the First World War, in: Oxford Art Journal. 12/1989, Heft 2, 87–103.
133 Vgl. www.linkfang.de/wiki/Isenheimer_Altar#cn-Stieglitz_132-6.

vielen, wenngleich nicht allen Expressionisten das Heil hervorschimmerte. Denn im Kreuz – und so auch in einer gekreuzigten Zeit – ist Heil. Auch daran hatte ja Barths negativ-dialektische Theologie keinen Zweifel gelassen.

Das Heilsdrama der »Kirchlichen Dogmatik« dagegen lässt diese Erschütterungen der heilen Erzählform und des schönen Gottesbildes weit hinter sich. Nicht der nicht mehr schöne, unter dem Gegenteil seiner selbst mit aller Kraft leidender Versenkung ins Kreuz Jesu zu suchende Gott, sondern der von jeher schöne, sein Ja-Wort nicht als »Nein!«, sondern als deutlich vernehmbares »Ja!« sprechende Herr ist der Held der »Kirchlichen Dogmatik«. Die Gottesgeschichte, in der die Geschichte unseres Lebens, unserer Erde und unseres Kosmos aufgehoben ist, ist eine ungebrochen positive und ohne formale Dissonanzen erzählte Heilsgeschichte. Zugespitzt formuliert: Auch der Kreuzestod kann Karl Barths dreieinigem Gott letztlich nichts anhaben. Er ist und bleibt Sieger. Und eigentlich wird er nicht Mensch, sondern zieht den Menschen im Sinne der altkirchlichen Assumptionschristologien empor in seine ewige Herrlichkeit. »Gott hat ein Sein als Mensch in die Einheit mit sich selbst und seinem Sein als Gott *hinzugenommen*. Er hat also ein Sein als Mensch in die Einheit mit sich selbst und seinem Sein als Gott *aufgenommen*«[134]. So, wie der verwundete Erlöser Frodo von Tolkien am Ende nach Valinor, ins Land der unsterblichen Gottheiten entrückt wird, versetzt Gottvater seinen Sohn aus dem Elend der Fremde dorthin, wo dieser Sohn als zweite Person der Trinität immer schon herkommt und hingehört: »in seine eigene Heimat […] an die Seite des Vaters«[135]. Und mit ihm versetzt er uns; denn »[i]n Jesus Christus ist nicht nur *ein* Mensch, ist vielmehr das Menschliche

---

134 KD IV,2, 44.
135 A. a. O., 47.

aller Menschen als solches in die Einheit mit Gott versetzt und erhoben«[136].

Weil Barths *theologia gloriae*[137] so schön ist, ist sie für viele moderne Zeitgenossen so schwer erträglich. Sie scheint zu schön, um wahr sein zu können, und sie scheint zu kitschig, um schön sein zu können. Ihr fehlt, was die Fans moderner Ästhetik, zeitgenössischer Kunst und ernster moderner Musik so schätzen: die Dissonanz und die Gebrochenheit, der Pfahl im Fleisch und das Bekenntnis zur bleibenden letzten Verunsicherung. Die Schriftsteller Franz Kafka (1883–1924) und Samuel Beckett (1906–1989) sowie die Maler Francis Bacon (1909–1992) und Antonio Saura (1930–1998) sind jenen näher, die das allzu harmlos und ungebrochen Schöne nur für reaktionär halten können, weil es in Wort, Ton und Bild so tut, als seien die nie heilenden Wunden der Welt bereits geheilt. – War der Expressionist Karl Barth also nicht in der Tat avantgardistischer als der große Schönfärber, der Form und Inhalt beim Alten lässt oder vielmehr zum Alten zurückkehrt?

Am deutlichsten scheint dies im berühmten Paragraf 50[138] in der Schöpfungslehre der »Kirchlichen Dogmatik« zum Ausdruck zu kommen. Dessen Überschrift lautet: »Gott und das Nichtige«[139]. Barths Theologie des Nichtigen denkt das Böse, das aus der Ästhetik und aus der gekreuzigten Theologie des 20. Jahrhunderts und natürlich auch aus unserer Lebenserfahrung nicht wegzudenken ist, durch eine geradezu atemberaubende theologische Gedankenoperation weg – nicht, ohne im besten Sinn lutherischer *theologia crucis* zu beteuern und zu unterstreichen, dass das Nichtige gerade auch erkenntnistheoretisch eine »ernste

---

136 A. a. O., 52.
137 Siehe dazu Michael Trowitzsch, Karl Barth heute, Göttingen, 2., grundlegend überarbeitete Aufl. 2012, 328–370.
138 Karl Barth, Kirchliche Dogmatik Bd. III,3, Zürich 1950, 327–425.
139 A. a. O., 327.

[…] Komplikation unserer Erkenntnis und Darstellung der göttlichen Vorsehung«, ein »störrisches Element« und ein »Fremdkörper«[140] ist, dessen Erkennen und Verstehen »Stückwerk« bleiben und der »notwendigen Gebrochenheit alles theologischen Denkens und Redens«[141] Rechnung tragen muss.

Zwar erhebt Barth »die Forderung, die Macht des Nichtigen *Gott* gegenüber so gering wie möglich, und die Forderung, dieselbe Macht *uns* gegenüber nun doch so hoch wie möglich einzuschätzen«[142]. Er unterlässt es aber nicht einzuschärfen, dass auch wir dem Nichtigen nicht zu viel Ehre erweisen sollen. Weil das Nichtige als durch Christus besiegte Negation[143] der Gnade Gottes theologisch »*keinen* Bestand hat«[144], tun auch wir gut daran, ihm, dem Bösen, keine Macht über unser Leben zu geben, so wenig wir es optimistisch verkennen sollten. Ontologisch und schöpfungstheologisch argumentiert Barth wie folgt: Das Böse ist nicht von Gott gewollt und nicht von Gott, ebenso wenig aber vom Menschen geschaffen. Als nichtseinsollendes Chaos »gibt es« das Böse und die Sünde als dessen Ausdruck nur insofern, als es die Entsprechung des von Gott nicht Gewählten, nicht Gewollten und folglich Verworfenen ist.[145] Des »Menschen Sünde ist ein *Zwischenfall*; sie ist geradezu das Urphänomen aller Zwischenfälle, der Inbegriff des Nicht-Notwendigen, Nicht-Ordnungsmäßigen, alles Sinn- und Planwidrigen. Sie ist der Kenntnis und der Verfügung Gottes nicht entzogen. Sie ist aber kein Werk seiner Schöpfung und auch keine Veranstaltung seiner Vorsehung. Sie wird und ist gerade nur wirklich als das, was Gott nicht wollte, nicht will, niemals wollen wird. Sie hat ihr Wesen gerade

---

140 A. a. O., 327.
141 A. a. O., 332.
142 A. a. O., 334.
143 A. a. O., 407.
144 A. a. O., 421.
145 A. a. O., 405ff.

nur darin, das Unwesen, das von Gott aus Unverständliche und Unzulässige zu sein. Sie geschieht nur als der mächtige, vor Gott freilich durchaus ohnmächtige Einbruch des Nichtigen in den Vollzug seines Willens und also gerade nur unter dem ursprünglichen, radikalen, endgültigen und darum auch siegreichen Nein Gottes. Sie ist keine Bedingung seines positiven Willens. Sie existiert vielmehr nur in völliger Bedingtheit durch seinen Unwillen. Sie lebt und wirkt in ihrer ganzen Furchtbarkeit nur zur Linken Gottes«[146] – als *opus alienum*, als fremdes Werk Gottes, das durch kein theologisches Verstehen der Welt zum *opus proprium*, also zum ureigensten und eigentlichen Werk Gottes oder des Menschen zurechtinterpretiert werden kann und darf. Ganz im Sinne von Martin Luthers Lied »Ein feste Burg ist unser Gott« treibt das Nichtige in Barths »Kirchlicher Dogmatik« sein schattenhaftes Unwesen als der altböse Feind[147], den Christus jedoch am Kreuz besiegt hat. Und weil Christus das Böse und die Sünde vernichtet hat, ist das nichtswürdige Nichtige auch noch in einem anderen Sinne nichtig: im Sinne dessen, dass es – wie das Grinsen der Grinsekatze in »Alice im Wunderland« – zwar noch da und noch nicht endgültig verschwunden, aber eigentlich schon nicht mehr da und als am Kreuz Vernichtetes nicht mehr wirklich, also nicht mehr wirkmächtig ist.

Der Dramatiker Georg Büchner (1813–1837) hatte seinen Thomas Payne in »Dantons Tod« unter Anspielung auf die biblische Passionsgeschichte noch sagen lassen: »Merke dir es, Anaxagoras: warum leide ich? Das ist der Fels des Atheismus. Das leiseste Zucken des Schmerzes, und rege es sich nur in einem Atom, macht einen Riss in der Schöpfung von oben bis unten.«[148]

---

146   KD IV,1, 48f.
147   A. a. O., 419.
148   Georg Büchner, Dantons Tod. Leonce und Lena. Dramen, Frankfurt a. M. 2008, 54.

In Barths Theologie ist dieser Schmerz nurmehr ein Phantomschmerz.

Barths theologischer Vernichtungsversuch des Nichtigen vernichtet letztlich auch die Möglichkeit jeder schwermütigen Theologie des unglücklichen Selbstbewusstseins. Mit theologischen Ansätzen, die, in welcher Weise auch immer, an ein Defizitbewusstsein anzuknüpfen und den Menschen als existenzielles oder religiöses Mängelwesen zu definieren suchten, konnte Barth je länger je mehr nichts mehr anfangen. Noch stärker als in den ersten zweieinhalb Jahrzehnten des 20. Jahrhunderts ließ er den Menschen seit den Dreißigerjahren in Frieden sein, was er ist: ein Wesen mit Stärken und Schwächen, das in positiver wie in negativer Hinsicht zu nahezu allem, nur nicht zum gottgemäßen Dasein fähig ist. Und anders als im Ersten Weltkrieg trieb er trotz des in Europa erneut und schwärzer denn je heraufdämmernden Unheils »Theologie, als wäre nichts geschehen«[149]. So formulierte er es Ende Juni 1933, also unter dem Eindruck der Machtergreifung Adolf Hitlers, in seinem berühmten Aufsatz »Theologische Existenz heute!«. Barth musste seine Theologie nach diesem neuerlichen schwarzen Tag der Geschichte nicht mehr revidieren. Sie war nun reif und gefestigt genug, um sich weder stilistisch noch inhaltlich auf die Schlachtfelder seiner Zeit begeben zu müssen. Denn die Schlacht, so Barths Überzeugung, ist längst von Christus geschlagen.

Barth versuchte in seiner »Kirchlichen Dogmatik« ebenso wenig wie in seinem »Römerbrief«, aus dem alten Adam einen neuen, anderen Menschen zu machen oder den alten Sünder in ein letztlich doch gottesförmiges Wesen umzudefinieren. Er versuchte es deshalb nicht, weil er Rechtfertigung konsequent reformatorisch verstand: nicht als Rechtfertigung des ohnehin schon Gerechten oder sich zumindest um Gott Bemühenden, sondern

---

149 Karl Barth, Theologische Existenz heute! (TEH Bd. 1), München 1933, 3.

als Rechtfertigung des Gottlosen, der gottlos ist und bleibt, was immer er auch tut oder lässt.

Die Lektüre von Barths schöner, siegesgewisser und ungeheuer weit über den Dingen stehender, schwebender und erzählender Theologie erleben viele ihrer Leserinnen und Leser als ungeheuer befreiend. Andere wiederum erleben sie als ungeheuer befremdend – und wieder andere lehnen sie vehement ab oder lehnen sich empört gegen sie auf. Denn wie jede konsequente evangelische Rechtfertigungstheologie löst sie einen *horror vacui* bei denjenigen aus, die sich nicht an Gottes Gnade und an einer Theologie genügen lassen können, die diese Gnade und ihre anerkennende Hinnahme zum einzig Maßgeblichen macht. Wie der Soziologe Max Weber (1864–1920) vermutete, scheint es den modernen Menschen im Kielwasser der reformatorischen Rechtfertigungslehre auszumachen, nach Bestätigungen und Beweisen seiner bedingungslosen göttlichen Erwählung suchen zu müssen.

Man muss sich klarmachen, dass die antiklerikale Entzauberung und Entsakralisierung der Lebenswelt durch die Reformation ein religiöses Vakuum und zahlreiche ungestillte Bedürfnisse nach religiöser Selbstverwirklichung hinterließ. Die lutherische Rechtfertigungslehre stellte geradezu eine narzisstische Kränkung für das religiös leistungswillige Individuum dar. Dass in der Neuzeit daher die berufliche Leistung, der wirtschaftliche Erfolg, die psychosomatische Gesundheit, die körperliche Fitness und Schönheit und die Intensität eines bis zur Neige ausgekosteten Lebens zum Spielfeld menschlicher Selbstbestätigung, zum Symbol göttlichen Erwähltseins und zum funktionalen säkularen Äquivalent christlicher Askese wurden, verwundert nicht und ist oft notiert worden. Der autonome Mensch der Moderne, der zum alleinigen Herrn seines Lebens zu werden sucht, tut sich mit dem Lassen schwer und kann weder Gott Gott und noch sich selbst Mensch sein lassen, ohne etwas aus sich zu machen oder von sich abzusehen.

Dass dem Menschen nach Barth auf der Bühne seines Lebens und auf der Bühne der Schöpfung, der Versöhnung und der Erlösung nichts anderes übrigbleiben soll, als angesichts des grandios inszenierten göttlichen Heilswerks Applaus zu spenden und schlicht anzuerkennen, dass er von Gott anerkannt ist, kann also die neuzeitlichen Leserinnen und Leser der »Kirchlichen Dogmatik« Karl Barths nur in heillose Unruhe versetzen. Dass nichts in der Natur des Menschen – weder Vernunft noch Erfahrung, weder Moral noch Religiosität – einen Anknüpfungspunkt[150] für die Erkenntnis und die Erfahrung des Göttlichen darstellen können soll, ist für viele so befremdlich, dass sie Barths Theologie nur als Fremdkörper im theologischen Diskurs und in der Lebenswelt der Moderne wahrnehmen können.

Aber könnte es nicht auch sein, dass gerade dieser Fremdkörper der theologische Ort ist, an dem der modernen Theologie erstmals wirklich das Licht aufgeht, dass nur dann die paulinische und die lutherische Rechtfertigungslehre, die neuzeitliche Religionskritik und die Säkularisierung der gegenwärtigen Lebenswelt wirklich ernst genommen werden, wenn von der Verwirklichung des Ideals religiöser, ethischer oder anderswie asketischer Selbstverwirklichung abgesehen wird? – Ich werde darauf später noch zurückkommen.

Schon eingangs hatte ich erwähnt, dass Glaube bei Karl Barth strenggenommen Gehorsam bedeutet, also *notitia* im Sinne von Notiznahme. Dem Menschen, der aus der Lektüre der »Kirchlichen Dogmatik« klug geworden ist, bleibt nichts anderes übrig, als Gottes Heilswerk applaudierend anzuerkennen. Dieses Heilswerk wäre aber natürlich auch dann wirklich und gültig,

---

150 Barth hat im Blick auf diesen Anknüpfungspunkt erbittert mit seinem einstigen theologischen Weggefährten Emil Brunner (1889–1966) gestritten. Siehe dazu Emil Brunner, Natur und Gnade. Zum Gespräch mit Karl Barth, Tübingen 1934, sowie Karl Barth, Nein! Antwort an Emil Brunner, München 1934.

wenn ihm der Mensch diese Anerkennung versagen würde – der Mensch, der ja als Sünder Gott gerade nicht anerkennen will und auch nicht wollen kann, dass Gott Gott ist und dass das Evangelium Gottes den Menschen aus seiner Selbstfixierung befreit.

Dass Barth den anerkennenden Gehorsam als einzig anerkennenswerte menschliche Reaktion auf das göttliche Heilstheater anerkennt, ist wie gesagt eine Schwäche seiner Theologie, die den Applaus des Menschen gewissermaßen anordnet. Diese Schwäche stellt das Einfallstor für theologische Lektüren dar, die nicht zu Unrecht den autoritären Geist aus Barths Denken hervorzukehren suchen. Denn offenkundig hatte es Karl Barth nötiger, seinen Leserinnen und Lesern die Wahrheit seines Denkens einzuschärfen, als es nötig gewesen wäre. So souverän Barths Theologie ist, so unsouverän wird sie, wenn sie uns geradezu einbläut, ja nicht auf die Idee zu kommen, ungehorsame Kinder sein zu wollen, die ihrem Vater keinen Glauben schenken. So barmherzig Barths Gott ist, so unbarmherzig konnte Barth mit seinen Gegnern sein[151], wenngleich Humor, Heiterkeit und versöhnliche Ironie in der zweiten Hälfte seines Lebens immer stärker die Oberhand gewannen und viele – nicht zuletzt ihn selbst – entwaffneten. Womöglich erkannte der späte Barth ja, was er eigentlich immer schon hätte erkannt haben müssen: dass Gottes Gnade genügt, dass dies schon im 2. Korintherbrief des Paulus gesagt ist[152] und dass es in zahllosen Dogmatikbänden nicht besser gesagt werden kann, aber vierhundert Jahre nach der reformatorischen Wiederentdeckung der reinen Gnade Gottes eben aufs Neue und mit Nachdruck noch einmal gesagt werden musste.[153]

---

151 So beispielsweise in seiner bereits zitierten Kampfschrift gegen Emil Brunner, die den gnadenlosen Titel «Nein!» trägt.
152 Und zwar in 2Kor 12,9.
153 Siehe dazu Barths Silvesterpredigt des Jahres 1962 in der Baseler Strafanstalt. Karl Barth, Predigten 1954–1967, Zürich, 2. Aufl. 1981, 219–226. Die Predigt über 2Kor 12,9 stand im Zeichen von nur vier Worten. Sie lauteten: »Meine Gnade genügt dir!«

6. Freigelassener der Schöpfung
Die Bejahung des wirklichen Menschen

»Das Werk Gottes des Schöpfers besteht im Besonderen in der *Wohltat*, dass, was er geschaffen hat, in den Grenzen seiner Geschöpflichkeit als durch ihn verwirklicht *sein* und als von ihm gerechtfertigt *gut sein* darf.«[154] In diesen Satz komprimiert Karl Barth den Inhalt des Paragrafen 42 der Schöpfungslehre seiner »Kirchlichen Dogmatik«. – Weil Schöpfung Gnade, Erwählung und Rechtfertigung aus Liebe, also ein Ausdruck der Güte Gottes ist, heißt Glaube an den Schöpfer eigentlich nur, es gut sein zu lassen statt sich selbst und die Welt unentwegt noch besser machen oder gar perfektionieren zu wollen. Würde man es als Mensch wirklich ernst nehmen, dass Gott die Welt für den Menschen als Raum geschaffen hat, in dem dieser Mensch getrost sein und andere getrost sein lassen darf, dann käme vermutlich neu und anders als in der Moderne gewohnt die Güte der Schöpfung in den Blick. Die Welt erschiene dann nämlich deshalb als die beste aller möglichen Welten, weil sie als der Ort erschiene, an dem der Mensch sein darf. Und dass sie der Ort ist, an dem der Mensch sein darf, lässt sie ungeachtet aller natürlicher und aller

---

154 KD III,1, 377.

moralischer Übel, die bei Barth im gleißenden Licht der Gnade ohnehin verblassen, als einen Ort erscheinen, der sehr gut ist. Nicht zuletzt deshalb, weil die Wirklichkeit der einzige Ort ist, an dem man nicht nur Krampfadern und Krebs, sondern – wie der Schauspieler und Regisseur Woody Allen (*1935) einmal gesagt hat – auch ein gutes Steak bekommen kann.

Wer die Welt im Sinne der Schöpfungstheologie Karl Barths gut sein lässt, wird zu einem Perspektivenwechsel genötigt, der vielen Menschen der Gegenwart aber nicht zuletzt deshalb ein Dorn im Auge ist, weil er ihrem Selbstverständnis fundamental widerspricht. Dieser Perspektivwechsel würde ihnen zumuten, sich als Gottes Kinder und nicht nur als Resultate gelungener oder gescheiterter Selbsterschaffung und Selbstgestaltung zu verstehen. Barths »Kirchliche Dogmatik« ist ja auch deshalb ein erratischer Block im modernen Denkraum, weil sie die Welt unverhohlen weder als blinden Zufall noch als Projekt menschlicher Weltgestaltung, sondern als Liebeswerk Gottes wahrnimmt, das nicht erst durch menschliches Schaffen, Handeln und Eingreifen sehr gut gemacht werden muss. In schöpfungstheologischer Hinsicht geht es aber – anders als Karl Marx meinte – gerade nicht darum, die Welt zu verändern[155], zu revolutionieren, die eifersüchtigen Götter von ihrem Thron zu stoßen und den Menschen als höchstes Wesen einzusetzen. Es geht vielmehr darum, die Welt anders zu interpretieren: als Geschenk des Himmels. Und weil sie ein sehr gutes und sehr schönes Geschenk des Himmels, eben eine Wohltat ist, müsste diese Interpretation eigentlich in eine Ethik des Lassens münden, wenn der Mensch seiner göttlichen Bestimmung wirklich genügen wollte und nicht aussichtslos darin verstrickt wäre, sich selbst und Gott zu verfehlen.

Auch Karl Barth hätte also sagen können, was der Philosoph Odo Marquard (1928–2015) in polemischer Abgrenzung von

---

155 Karl Marx, Thesen über Feuerbach, in: Marx-Engels-Werkausgabe Bd. 3, Berlin, 9. Aufl. 2001, 535.

Karl Marx' elfter These über Ludwig Feuerbach (1804–1872) notierte: dass nämlich die Philosophen die Welt nur verschieden verändert haben, es aber darauf ankäme, sie zu verschonen[156]. Das Lassen ist aber wie bereits erwähnt die Sache des modernen, keineswegs gelassenen, sondern vielmehr umtriebigen und auf Gedeih und Verderb welt- und selbstverändernden Menschen nicht. Dieser Mensch will und muss machen und schaffen. Dass er irgendetwas nicht geschaffen haben, dass er mit den Kontingenzen und Absurditäten des Daseins leben müssen soll und dass sich ein schöpferisch gütiger und wohlwollender Gott hinter der Natur der Welt verbergen könnte, wird in der Moderne zunehmend undenkbar und zunehmend weniger hinnehmbar. Und so radikalisiert sich der moderne Mensch, wenn er überhaupt noch mit Gott hadert, zum Hiob. Er schleudert dem im Zuge der Aufklärung und im Zuge der Kulturkatastrophen des 20. und 21. Jahrhunderts immer unglaubwürdiger werdenden Gott die Theodizeefrage entgegen, an der die Vorstellung der Güte Gottes, der Güte der Welt und schließlich auch der Güte des Menschen zerbricht. Und am Ende kann der Mensch nicht nur nicht mehr an Gott, sondern auch nicht mehr an den Menschen glauben. Nietzsche hatte es vorhergesehen, dass auch die Idee des Menschen zunichte werden musste, wenn erst einmal die Idee Gottes zunichte gemacht war. Die klassische neuzeitliche Religionskritik vor Nietzsche hatte freilich eine andere Konsequenz gezogen – die Konsequenz nämlich, dass der Mensch alles sein musste, wenn es nichts mit Gott war. Die gegenteilige, gegenwärtig stärker im Islam als im Christentum vertretene Auffassung, dass nämlich der Mensch ein Nichts ist, weil Gott alles ist, war nicht der unbedeutendste Auslöser der Religionskritik der Neuzeit, in der der Mensch nicht nichts, sondern alles oder

---

156 Odo Marquard, Skeptische Methode im Blick auf Kant, Freiburg i. Br. und München 1958, 52.

wenigstens eine Art Gott, ein »Homo Deus«[157] sein will. Und so erscheint in dieser Neuzeit die Welt nicht mehr als Schöpfung, sondern als Natur, nicht mehr als Raum der Gnade, sondern als Raum der Weltkritik, der Weltvermiesung, der Weltverbesserung und der mitunter verzweifelten Weltkonsumierung. Wer aber konsumiert, verbraucht. Und in der Tat bricht die Moderne einen gigantischen Weltverbrauch vom Zaun, auf den die theologische und die philosophische Ethik im letzten Jahrhundert mit nahezu hysterischer ökologischer Sensibilisierung reagierten.

Die Idee, die Welt durch Ökologie zu retten, kann als Schwundstufe des Schöpfungsglaubens eines religiös seit den späten sechziger Jahren immer unmusikalischer werdenden Protestantismus begriffen werden. Dieser Schöpfungsglaube sucht sein Heil nicht in einer vertieften theologischen Wahrnehmung und Erfahrung der Welt als Wohltat, sondern in einer Art achtem Schöpfungstag, an dem auf ökologischem oder sozialethischem Weg sehr gut gemacht werden soll, was bisher nicht sehr gut war. Anstelle des Schöpfungsglaubens tritt das Werk der Bewahrung der Schöpfung. Aus dem Evangelium wird ein Gesetz.

Dieses Phänomen ist vielleicht am ehesten sühnetheologisch zu begreifen. Das Argument, der Mensch müsse, was er durch seine Naturbeherrschung zerstört hat, auch heilen, übersieht allerdings die reformatorische Grundeinsicht, dass sich der Mensch leichter deformieren als reformieren kann. Das ist im Blick auf die Zerstörung der Natur tragisch und letztlich wohl nur durch das Verschwinden des Menschen aus der Schöpfung zu verhindern. Bleibt nur zu hoffen, dass Gott selbst dies dauerhaft anders sieht und uns und die Welt dennoch bewahrt, statt die Schöpfung von uns zu befreien. Schließlich befindet der Schöpfer seine Schöpfung ja trotz der Tragik, des Hochmuts und des

---

157 Siehe dazu Yuval Noah Harari, Homo Deus. A Brief History of Tomorrow, London 2016.

Elends des Menschen erst nach dessen Erschaffung für sehr gut[158] und beschließt trotz aller Bosheit des Menschen, diesen Menschen und die Welt künftig vor einer weiteren Sintflut zu verschonen.[159]

Karl Barths Schöpfungstheologie impliziert eine Anthropologie des Sein-Lassens, für die es in schöpfungsethischer Hinsicht natürlich längst höchste Zeit wäre. Diese Anthropologie des Sein-Lassens hat das Zeug zum Gegenentwurf zu allen Selbstentwürfen, mit denen sich die Menschen unserer Tage quälen, wenn sie sich auf immer raffiniertere Weise zu intensivieren suchen.

Die Epoche nach Gott, die irgendwann in der Mitte des zweiten Jahrtausends nach Christus anbrach, ist zuerst die Epoche des Projekts Mensch, der neu werden soll, bevor sie zur Epoche der Intensivierung des altbekannten Lebens wird. Aber eines ist das Erdzeitalter des sogenannten Anthropozän ganz gewiss nicht: Es ist nicht das Theozän. Als geistesgegenwärtiger Bewohner seiner Zeit wusste Karl Barth das. Dennoch unternahm er den vielleicht letzten großen Versuch der theologischen Quadratur des Kreises. Er wollte nämlich eine Welt denken, in der weder Gott alles und der Mensch nichts noch der Mensch alles und Gott nichts ist. Er wollte eine Welt denken, die zugleich die Welt Gottes und die Welt des Menschen ist – eine Welt, in der der Mensch genau deshalb frei ist, weil sein göttlicher Schöpfer und Befreier ihn freigelassen hat.

Gewiss: In nachgöttlicher Zeit bedankt sich kein agnostisch oder atheistisch gesinnter Mensch mehr brav dafür, dass Gott ihn frei sein lässt. Manchmal tun dies nicht einmal mehr Christenmenschen. Es gehört zur Signatur der Moderne, das Leben nicht als gottgegeben, sondern allenfalls als gegeben hinzunehmen oder sich dagegen aufzulehnen, weil es eben nicht hinnehmbar ist, dass der Mensch nicht anders ist, als er ist. Weil die Welt für

---

158 Siehe Gen 1,31.
159 Jedenfalls Gen 8,21 zufolge.

den neuzeitlichen Menschen einfach da und keineswegs ein Geschenk des Himmels ist, nimmt sich dieser Mensch die Freiheit, niemandem mehr zum Dank für sein Dasein verpflichtet sein zu müssen.

In weniger gottlosen und weniger gottesfurchtlosen Epochen war das wahrscheinlich anders. Das Bewusstsein, dass Gott uns nichts schuldet, während wir ihm alles schulden, löste insbesondere im vorreformatorischen Spätmittelalter gewaltige Heilsnöte aus. Luthers reformatorische Entdeckung, dass wir Gott nichts mehr schulden, weil Christus am Kreuz unsere Schulden getilgt hat, war für die Menschen des 16. Jahrhunderts eine gewaltige Befreiung, die sie aufatmen ließ.[160] Nach Barth, der die gleiche Erkenntnis unter den Bedingungen eines säkularen Zeitalters zum theologischen Fundament seiner Anthropologie macht, lässt dies die Menschen dagegen eher kalt. Es rührt sie nicht, dass alles gut sein soll. Entweder glauben sie es nicht, oder es ist ihnen egal. Oder sie sind einfach nicht damit zufrieden, sich sagen lassen zu sollen, dass sie getrost leben können, ohne dass dieses Leben um jeden Preis gelingen oder optimiert werden muss. Vielleicht gelingt es ihnen aber auch nur nicht, sich dies zu sagen oder sich dies sagen zu lassen. Jedenfalls begreifen sie sich längst als Freigelassene der Schöpfung[161] und scheren sich daher um nichts und niemanden, vor allem nicht um Gott.

Barths »Kirchliche Dogmatik« reflektiert das. Und indem sie es reflektiert und am Ende mehr oder weniger schweren Herzens akzeptiert, spiegelt sie den Geist einer säkularen Welt wider, deren Menschen Gott – salopp gesagt – nicht einmal mehr ignorieren. Dass sich der Mensch nicht mehr um Gott schert, ist Barth zufolge freilich alles andere als begrüßenswert. Zunächst und vor allem ist es nämlich Ausdruck dessen, dass der Mensch

---

160 Zur Schuldmetapher siehe Sloterdijk, Nach Gott, 43.
161 So bekanntlich Johann Gottfried Herder, Ideen zur Philosophie der Geschichte der Menschheit, Leipzig und Riga 1784, 230f.

dem Nichtigen erlegen, also Sünder ist. Über diesen Menschen im Herrschaftsbereich der Sünde sagt Karl Barth am Anfang seiner Versöhnungslehre: »Er steht ganz anderswo als da, wo er nach dem, was Gott ihm zugedacht hat, stehen müsste. Er verhält sich gerade nicht als der Partner, den Gott sich als Empfänger seiner Heilsgnade gegeben hat. Er hat sich seiner Bestimmung zum Heil widersetzt. Er hat dem ihm tatsächlich zukommenden Heil den Rücken zugekehrt [...]. Es ist *dieser* Mensch, mit dem Gott es in jener besonderen [...] Heilsgeschichte zu tun hat: der Mensch, der sich gerade der Heilsgnade Gottes gegenüber selbst unmöglich gemacht hat. Und nun eben: der Mensch, der damit auch in seinem geschaffenen Sein als Mensch unmöglich geworden ist [...] Nochmals: es ist dieser als verlorener Sohn in die Fremde, ins Elend gezogene und nun im Elend existierende Mensch, mit dem Gott es gerade im Heilsgeschehen zu tun hat.«[162] Sünde ist »Auflehnung gegen die Güte Gottes«[163]. Sie führt uns ins Elend der Heimatlosigkeit, weil sie den Menschen aus der natürlichen Ordnung der gottgeschaffenen Dinge herausbricht.[164]

Es wird bei der Lektüre der »Kirchlichen Dogmatik« immer wieder deutlich, dass Barth die Wurzel allen Übels im unbegreiflichen Herausfallen des Menschen aus der intimen Innigkeit mit Gott sieht. Geht es nach Barth, dann ist dieser Mensch eigentlich nur als Embryo im Uterus Gottes gut aufgehoben. Dort, in den Schoß des Vaters und in den göttlichen Ursprung, gehört der Mensch, wie Gott ihn schuf. Doch leider leitet der Dämon des Bösen im Verein mit der missbrauchten Freiheit des Menschen gewissermaßen die Wehen Gottes und die Wehen des aus Gott herausfallenden und in die Gottesfremdheit der Welt stürzenden Menschen ein, über den fortan geurteilt werden muss: »Wehe diesem Menschen!«

---

162 KD IV,1, 9f.
163 KD III,3, 351.
164 A. a. O., 350.

Die christliche Deutung von Gen 3 als Fall in einen Zustand der Verderbnis, traditionell *status corruptionis* genannt, ist eigentlich pure Gnosis und purer Platonismus. Von Platon (428–348 v. Chr.) wurde Barth übrigens nicht zuletzt durch die Schriften seines Bruders, des Philosophen Heinrich Barth (1890–1965) inspiriert.[165] Dessen platonische Ursprungsphilosophie blieb auch für den reifen Karl Barth bestimmend.

Der Ursprung ist allerdings ein unauffindbarer Ort. Es gehört zum Wesen des Paradieses, verloren zu sein. Durch die Sünde des dem Ursprung entsprungenen Menschen bekommt der Ursprung gleichsam einen Sprung und wird zum Ur-Sprung. Kein Weg führt in den Uterus zurück – oder anders gesagt: Es bedarf der gewaltigen Versöhnungsanstrengung einer göttlichen »*Rescue*-Mission«, um dem Menschen vor Augen zu führen, dass er – in welches Elend er auch geraten ist und in welcher Gottesferne und Gottesvergessenheit er auch sein Unwesen treibt – niemals aus der Gemeinschaft mit Gott herausfallen kann, weil der heimgekehrte Menschensohn Jesus Christus den Menschen in die Einheit mit Gott aufgenommen[166], in seine göttliche Heimat heimgeholt und ihn als Mensch »in und mit sich selbst an die Seite des Vaters«[167], also in einen neuen Uterus – um nicht zu sagen: Vaterleib – versetzt hat, in dem das Nichtige keine Macht mehr hat. Dass wir durch diese »*Rescue*-Mission« versöhnt sind, heißt aber nicht, dass wir faktisch andere Menschen geworden wären. Weil wir als die Gottfernen, die wir sind, versöhnt sind, können wir es uns ersparen, uns Selbstreinigungsprodezuren zu unterziehen, die uns zu sündlosen, gottgefälligen und vollkom-

---

165 Siehe dazu etwa Heinrich Barth, Gotteserkenntnis, in: Jürgen Moltmann (Hg.), Anfänge der dialektischen Theologie Teil 1 (Karl Barth, Heinrich Barth, Emil Brunner), München, 5. Aufl. 1985, 219–255, insbesondere 240.
166 KD IV,2, 44.
167 A. a. O., 47.

menen Menschen machen sollen. Diese Selbstreinigungsprozeduren funktionieren nicht. Sie sind wie Waschanlagen ohne Wasser. Und wenn wir in diese Waschanlagen hineinfahren wollen, geht es uns wie dem erzählenden Ich in der berühmten Ballade »American Pie« des US-amerikanischen Singer-Songwriters Don McLean (*1945): »Drove my chevy to the lavy but the lavy was dry«[168], sang der.

Karl Barth nahm es ernst, dass wir von uns aus den Weg in die Heimat unseres Ursprungs nie und nimmer finden können. Gut reformatorisch hütete er sich davor, den Menschen als *corpus christianum* im *status integritatis*, also als heiligen, unversehrten Menschen ursprungsgemäßer Konstitution rekonstruieren zu wollen. Er hütete sich davor, obwohl er immer wieder in die Versuchung geriet, den Menschen so des Ungehorsams zu schelten, wie ein zorniger Vater sein Kind schilt, das sich zu viele Freiheiten nimmt. Aber der zornige Vater der »Kirchlichen Dogmatik« war auch ein Vater, der einsah, dass Kinder – und seien sie noch so widerborstig – eben so sind, wie sie sind, und dass es verlorene theologische Liebesmüh wäre, den Menschen durch welche theologischen Strategien auch immer in einen Magneten zu verwandeln, für den Gott auch in jener Epoche noch anziehend ist, die sich faktisch als nachgöttliche Epoche versteht. Und so lässt Barth diesen Menschen denjenigen sein, als der sich dieser Mensch längst selbst versteht: einen Freigelassenen. Dass die Freiheit, die dieser Mensch meint, jenseits von Eden unter der Signatur der Sünde steht, tut nichts zur Sache. Denn es gibt nur diesen Menschen jenseits von Eden. Gott will mit ihm leben und bewahrt ihn vor Schlimmerem. Und auch Karl Barth konnte mit ihm, dem freigelassenen Sünder, leben – je länger, je lieber.

Ich hatte schon bemerkt, dass die theologische Tatsache, dass alles gut ist, weil Gott alles gut gemacht hat, auch dann gilt,

---

168 Zu Deutsch: »Ich fuhr meinen Chevrolet in die Waschanlage, aber die Waschanlage war trocken.«

wenn sie keinem Menschen mehr etwas bedeutet – aus welchen Gründen auch immer. Ernster kann man die Idee der Objektivität, also des Vorausgesetztseins Gottes, nicht nehmen. Und ernster kann man auch die Idee der Rechtfertigung des Sünders nicht nehmen, der Gott nichts schuldet, nicht einmal seinen Glauben.

Dass dieser Glaube ein Geschenk Gottes und kein Werk und keine Leistung des Menschen ist, sicherten die Reformatoren bekanntlich geistestheologisch, also pneumatologisch ab. Aber da der Heilige Geist weht, wo er will, und da er unverfügbar ist, kann es eben im Extremfall auch sein, dass es Epochen gibt, in denen dieses Wirken ausbleibt. Der Philosoph Martin Heidegger (1889–1976) beschrieb die Seinsvergessenheit unserer Epoche a-theologisch als Selbstentzug des Seins, das sich nicht entbirgt. Dieser Selbstentzug gewinnt als Verstellung des Seins Gestalt, was Heidegger exemplarisch am »Ge-Stell«[169] der Technik durchbuchstabiert hat.

Karl Barths Theologie ist insofern eine Theologie für unsere Epoche, als sie die Gottesvergessenheit dieser Epoche theologisch ernst nimmt und aufbewahrt, ohne sie im Geringsten zu beklagen, wenngleich Barth wie gesehen gelegentlich dann doch immer wieder der Versuchung erliegt, sich lieber einen gehorsameren, weniger gottlosen Menschen zu wünschen. Und doch: Barth zufolge ist in den Augen Gottes, die gnädig auf den Menschen blicken, auch jener Mensch sehr gut, der in großer Gottesferne selbstsicher sein Wesen verwirklicht oder sein Unwesen treibt – ebenso, wie jener Mensch sehr gut ist, der die ihm geschenkte Zeit vertändelt oder vertut. Sehr gut ist in den Augen Gottes der Mensch, der sich zu Höchstleistungen aufschwingt. Und sehr gut ist auch der sogenannte Versager, der fortwährend an seinem Leben zu scheitern meint und darüber frustriert ist.

---

169 Vgl. dazu Martin Heidegger, Die Frage nach der Technik, in: Bayerische Akademie der Schönen Künste (Hg.), Die Künste im technischen Zeitalter, München 1954, 70–129.

Der Mensch, der sich gesundheitlich zugrunde richtet, sei es im Biergarten oder anderswo, ist ebenso sehr gut wie der Mensch, der Sport treibt, fastet und sich ausgewogen und vollwertig ernährt. All diese Menschen sind in den Augen Gottes sehr gut. Sie müssten es sich – so Barth – nur gesagt sein lassen, um sich und ihr Leben gut sein lassen zu können. Weil die meisten dies aber nicht tun, führen phänomenologisch gesehen leider faktisch nur die besonders Frommen, die besonders Selbstbewussten und Selbstvergessenen, die besonders Dickfelligen und die besonders Optimistischen ein Leben, dem man anmerkt, dass es von ihrer Rechtfertigung Zeugnis ablegt – und sei es auf atheistische und gänzlich unbeabsichtigte, zutiefst weltliche Weise. Die anderen, also die Pessimisten, die Unzufriedenen, diejenigen, die bis zur Erschöpfung, bis zum Burnout und bis zur Depression an sich arbeiten oder sich untätig hängen lassen, kommen leider nicht in den subjektiven Genuss des glücklichen Bewusstseins dessen, was sie schon sind: geliebte Kinder Gottes. Ihnen wird das subjektive Erleben der Befreiung von der verfluchten Subjektivität nicht zuteil.

Aber eigentlich ist es ja ohnehin ein Widerspruch in sich, Nicht-Subjektivität subjektiv erfahren zu wollen. Kommt Barths theologische Kritik der verzweifelten Fixierung des neuzeitlichen Menschen auf sich selbst also nicht irgendwie doch einer Quadratur des Kreises, einem zen-buddhistischen Meditationskunststück oder einer anthropologischen Paradoxie gleich? – An derselben Paradoxie laborieren übrigens auch jene lutherischen Rechtfertigungstheologien, die Rechtfertigung als alleiniges Werk Gottes ohne Beteiligung des Menschen zum Ausdruck zu bringen versuchen[170] – nur, um dann unter dem Gesichtspunkt der Heiligung und Erneuerung die Subjektivität fröhliche Urstände feiern zu lassen.

---

170 Anders dagegen Michael Kuch, Herzenssache und Gottesmut. Martin Luther und das Lebensgefühl des Glaubens, Gütersloh 2017.

Dass der wirkliche Mensch des Glaubens es sich nicht nur gesagt und erzählt sein lassen, sondern auch fühlen und erfahren will, wie es um ihn bestellt ist, ist unter den Bedingungen des modernen Menschseins vermutlich unvermeidlich. Aber ist es auch in Barths Anthropologie unvermeidlich? Eigentlich müsste das Gegenteil der Fall sein. Denn Barth zufolge soll der Mensch ja eben in heiterer Freiheit von sich selbst seiner Wege unter dem Himmel Gottes gehen. Wenn aber Barths Anthropologie der Freiheit der Kinder Gottes eine Anthropologie der Freiheit dieser Kinder Gottes von sich selbst und daher eine gewissermaßen post-anthropologische Anthropologie ist, ist sie unter den Prämissen Barthscher Theologie entweder ein negativ-dialektisches Ding der Unmöglichkeit oder ein Verrat der Theologie Karl Barths an sich selbst. Muss man Barth also nicht in letzter Konsequenz so verstehen, dass die Gnade uns zwar gilt, aber uns als Personen nicht erreicht? Dass sie genügt (2Kor 12,9), würde dann bedeuten, dass sie uns zugesagt ist, ohne dass wir uns über sie freuen, an ihr zweifeln oder sie als Kraft verinnerlichen könnten. Sie würde gelten, ohne uns etwas zu bedeuten, auch, wenn sie – objektiv betrachtet – alles für uns bedeutet.

Sei es, wie es sei: In der Bejahung des wirklich gelebten Lebens[171] jedenfalls liegt Karl Barths konzeptionelle Stärke. Seine Theologie ist eine generöse Theologie der Generosität Gottes, der es nicht nötig hat, den Menschen, den er geschaffen und mit sich versöhnt hat, nicht sein zu lassen, wie er ist. Trotz aller Verworfenheit des Menschen verwirft Gott nicht den Menschen, sondern sich selbst. Weil Gott ereilt, was uns ereilen müsste, nämlich die Verwerfung, sind wir frei. Und weil Gott auf eine Weise Gott ist, die sich des Menschen erbarmt, liegt es eigentlich nahe, was dem Menschen seltsamerweise fern liegt: dass der Mensch

---

171 Siehe dazu auch Susanne Hennecke und Ab Venemans (Hg.), Karl Barth – Katsumi Takizawa. Briefwechsel 1934–1968, Göttingen 2015, etwa 118.

sich an seinem Menschsein und an seinem Sosein genügen lässt statt es unentwegt auf ein anderes, vermeintlich höheres Sein hin überschreiten zu wollen.

Denn auch dann, wenn der Mensch sein Leben verhunzt oder von der rätselhaften Gewalt des Bösartigen um dieses Leben gebracht wird, kann er nicht tiefer fallen als in Gottes Hand. Was auch immer er mit sich anstellt und in welches Elend er auch gerät: Der Mensch ist, was er ist, nämlich Mensch Gottes. Und was immer der Mensch aus sich macht, nicht aus sich macht, erfährt oder erleidet, führt ihn Barth zufolge weder näher zu sich selbst noch näher zu Gott. Ebenso führt es ihn nicht weiter von sich selbst oder von Gott weg – selbst dann nicht, wenn der Mensch der nichtigen Macht der Sünde und des Bösen verfällt und daher eigentlich für Gott gestorben sein müsste. »Kein Mensch ist«, wie Tristan Garcia schreibt, »mehr oder weniger Mensch.«[172] Es gibt keinen Regler, an dem man drehen könnte, um die Seins- oder Gotteswürdigkeit des Menschen zu verstärken oder abzuschwächen. Es ist für die Theologie Karl Barths unbeträchtlich, »das Maß einer Entität *in Bezug auf sich selbst* anzusehen«[173]. Was Garcia im Blick auf einen Berg bemerkt, gilt in Barths Theologie angesichts der grundlosen Gnade Gottes letztlich auch für den Menschen – auch, wenn der Mensch natürlich kein Berg und eigentlich überhaupt kein Ding ist. »Ein Berg«, so Garcia, »ist […] ein Berg. Er ist der Berg, der er ist. Man kann ihn nicht loben, dass er es besonders gut sei, und ihn auch nicht tadeln, dass er es auf zu schwache Art sei.«[174]

Weil der Mensch trotz seiner Sünde und trotz der Macht des Bösen von Gott geliebt ist, kann er also nach Barth getrost sein, was er ist – und zwar nicht zuletzt deshalb, weil Gott am Kreuz die Sünde und das Böse als das Nichtige offenbart und das Einzige,

---

172 Garcia, Das intensive Leben, 63.
173 A. a. O., 64.
174 Ebd.

was dem Menschen wirklich den Garaus machen könnte, zur Ohnmacht verurteilt hat. So zynisch es klingt: Alles Geschöpfliche, das dem Menschen das Leben nehmen will, ist ein Zipperlein angesichts dessen, dass Christus das wirklich lebensabträgliche Nichtige am eigenen Leib so aus der Welt geschafft hat, dass es nurmehr als Phantom sein vernachlässigenswertes Unwesen treiben kann.

Man könnte Karl Barth angesichts dieses Umgangs mit dem Lebensgefährdenden einen großen Verharmloser des Bösen nennen. Man könnte Barths theologische Überzeugung aber auch ganz schlicht als Ausdruck des Glaubens verstehen, dass uns weder Hohes noch Tiefes noch eine andere Kreatur von der Liebe Christi scheiden kann.[175]

---

175 Röm 8,39.

7. Freigelassener der Theologie
Den lieben Gott einen guten Mann sein lassen

Die neuzeitliche Moderne gilt als Epoche des Subjekts. Sie bringt unablässig Menschen hervor, die großen Wert auf Selbstbestimmung und individuelle Autonomie legen und sich dafür Subjektivierungsstrategien unterwerfen, deren eigentliche Subjekte allerdings nicht sie selbst, sondern gesichtslose, schwer greifbare, aber umso mächtigere Mächte sind. Die Tragik des modernen Menschen liegt also darin, sich für ein emanzipiertes, autonomiegeleitetes Wesen zu halten, aber in Wahrheit ein Unterworfener im Wortsinn des lateinischen Wortes »*subiectum*« zu sein. Insbesondere der französische Philosoph Michel Foucault (1926–1984) hat diese Subjektivierungsstrategien offengelegt. »Meine Absicht [ist es]«, so Foucault, »eine Geschichte der verschiedenen Verfahren zu entwerfen, durch die in unserer Kultur Menschen zu Subjekten gemacht werden […]. Nicht die Macht, sondern das Subjekt ist deshalb das allgemeine Thema meiner Forschung. Aber die Analyse der Macht ist selbstverständlich unumgänglich.«[176]

---

176 Michel Foucault, Das Subjekt und die Macht, in: Hubert L. Dreyfus und Paul Rabinow, Michel Foucault. Jenseits von Strukturalismus und Hermeneutik, Frankfurt a. M. 1987, 243.

Die Analyse der Macht und deren Subjektivierungsstrategien ist auch das Thema Karl Barths, der allerdings die Krankheit der Subjektivierung nicht nur diagnostizieren, sondern theologisch heilen will. Er tut dies, indem er den Menschen einer ganz anderen Macht überantwortet, die ihn nicht unterwirft, sondern in die wahre Freiheit führt. Mehr als vierhundert Jahre zuvor unternahm Martin Luther unter anderen geistesgeschichtlichen, kirchlichen und politischen Vorzeichen nahezu exakt dasselbe. Karl Marx ging Luthers Befreiungsschlag freilich nicht weit genug, weil der Mensch Marx zufolge dadurch nicht zum höchsten Wesen geworden, sondern noch immer Knecht Gottes geblieben sei. Luther, so Marx, hat »die Knechtschaft aus *Devotion* besiegt, weil er die Knechtschaft aus *Überzeugung* an ihre Stelle gesetzt hat«[177]. Luthers Revolution der Verhältnisse blieb also aus marxistischer Sicht auf halbem Wege stehen. Dieselbe Kritik hätte Karl Marx vermutlich auch an Karl Barth geübt, woraufhin dieser die Kritik gelassen erwidert und Marx vorgehalten hätte, dass »die christliche Hoffnung [...] das Revolutionärste ist, was man sich denken kann«. Neben ihr sind »alle anderen Revolutionen nur Platz-Patrönchen«[178]. Denn keine Revolution der Welt, sondern nur Gott selbst vermag den wirklichen Menschen in die wirkliche Freiheit des Daseins zu führen. Diese Überzeugung münzt Barth in Theologie um. Dass es in dieser Theologie über weite Strecken gehorsamsethisch knirscht[179], tut der Tatsache keinen Abbruch, dass Barth mit dem Wind der Gnade Gottes im Rücken nicht müde wird, den Menschen aller Definitions-, Deutungs- und Lebensmächte zu entreißen, die ihm zu sagen

---

177 Karl Marx, Zur Kritik der Hegelschen Rechtsphilosophie. Einleitung, in: Karl Marx / Friedrich Engels – Werke Bd. 1, Berlin 1976, 378–391, dort 386.
178 Karl Barth, Dogmatik im Grundriss, Zürich, 7. Aufl. 1987, 173. Siehe auch weiter unten.
179 Siehe vor allem in: Karl Barth, Kirchliche Dogmatik Bd. III,4, Zürich 1951.

beanspruchen, wer er zu sein, was er zu tun, was er zu lassen hat und dass er sein Leben ändern muss[180]. Barths Theologie lässt keiner Subjektivierungsstrategie der Welt die Befehlsgewalt und das letzte Wort über den Menschen.

Die »Kirchliche Dogmatik« ist aber nicht nur eine große Freilassung des Menschen, sondern auch eine große Freilassung Gottes. Wie der Mensch zum Freigelassenen der Gnade wird, so wird auch Gott zum Freigelassenen der theologischen Schöpfung Karl Barths. Barth unterzieht nicht nur die Subjektivierung des Menschen einer radikalen theologischen Kritik, er lässt auch kein gutes Haar an den menschlichen Subjektivierungsstrategien Gottes, sofern diese Strategien Gott zu objektivieren und in das Streckbett menschlicher Selbst-, Welt- und Gottesbilder zu zwängen suchen. Vielmehr ist es Barth in der »Kirchlichen Dogmatik« wie auf andere Weise schon in seinem Römerbriefkommentar darum zu tun, Gottes Subjektivität, seine Freiheit und seine unkontrollierbare Unverfügbarkeit theologisch sichtbar zu machen. Barth zufolge kann Gott nie und nimmer zum objektivierbaren Gegenstand irgendeiner Theologie werden, die Gott zu sagen gedenkt, wie er zu sein hat. – Ich erinnere allerdings an den eingangs erzählten Witz, der den berechtigten Verdacht aufkommen lässt, gerade die Theologie Karl Barths habe dies getan.

Inwiefern Theologie als Rede von Gott im Licht und im Zeichen der Freiheit Gottes dennoch möglich ist und wodurch sie sich unmöglich macht, reflektiert Karl Barth in den ersten beiden Teilbänden der »Kirchlichen Dogmatik«, also in KD I,1 und KD I,2. Dort werden die »Prolegomena« der Dogmatik entfaltet. Prolegomena sind Barth zufolge nicht die vorher, sondern »die *zuerst* zu sagenden Dinge«[181]. Und zuerst – wie könnte es anders sein – ist zu sagen, dass Gott der ganz Andere ist. Um diesen ganz

---

180 Siehe dazu Peter Sloterdijk, Du musst dein Leben ändern. Über Anthropotechnik, Frankfurt a. M. 2009.
181 Karl Barth, Kirchliche Dogmatik Bd. I,1, Zürich 1932, 41.

anderen Gott aus den Fängen der Macht von Theologie und Kirche zu befreien, muss Barth aber zunächst diejenigen Formen von Theologie einer vernichtenden Kritik unterziehen, die Gott zu einem Moment, zu einem Bestandteil, zu einer Möglichkeit oder zu einer Wirklichkeit des Menschlichen machen – sei es der menschlichen Subjektivität oder der menschlichen Kirche. Diese Formen von Theologie bezeichnet Barth als Häresien. Häresien sind Glaubensgestalten, unter deren Gewand der Unglaube geschlüpft ist. Häresie ist Andersglaube.[182] Das Wort »Andersglaube« hat in Barths Prolegomena, die es Barth zufolge nur gibt, weil es diesen Andersglauben gibt[183], keinen positiven pluralismusfreundlichen Beigeschmack. Glaubenspluralismusfreundlich ist Barth zwar insofern, als keine religiöse Haltung den Menschen einen Millimeter weiter von Gott entfernen oder einen Millimeter näher zu Gott bringen, also prinzipiell gottgemäßer sein kann als eine andere religiöse oder nichtreligiöse Haltung. In Barths Kritik des Andersglaubens geht es aber um etwas ganz anderes und viel Fundamentaleres als um den Umgang mit religiösem Pluralismus. In den Prolegomena der »Kirchlichen Dogmatik« ist der Andersglaube deshalb der theologische Gegner *par excellence*, weil in einer Dogmatik der Kirche grundsätzlich zu klären ist, wie in der Kirche grundsätzlich von Gott zu reden, wie grundsätzlich nicht von Gott zu reden ist und ob die Kirche wirklich so von Gott redet, dass sie Gott als autonome Wirklichkeit ernst nimmt. Als kirchliche Dogmatik prüft die Dogmatik den Glauben der christlichen Kirche kritisch daraufhin, ob er seinem Wesen, nämlich Christus, wirklich entspricht. Der allererste Paragraf der »Kirchlichen Dogmatik« bringt dies wie folgt auf den Punkt: »Dogmatik ist als theologische Disziplin die wissenschaftliche Selbstprüfung der christlichen Kirche hinsichtlich des Inhalts der ihr eigen-

---

182 A. a. O., 30.
183 Ebd.

tümlichen Rede von Gott.«[184] Kirchliche Dogmatik kehrt also im eigenen Haus und vor der eigenen Tür. Sie ist nicht Kultur- oder Religionswissenschaft oder deren kultur- oder religionswissenschaftliche Kritik. Sie ist theologische Kritik der Theologie und der Kirche im Raum der Kirche. Und so rückt denn für Karl Barth Anfang der Dreißigerjahre die Kritik am Ungeist seiner Zeit nur insofern in den Blick, als dieser Geist auch innerhalb der Kirche – eben als Andersglaube – sichtbar wird.

Das gilt übrigens auch für das vielleicht bedeutendste Bekenntnis des 20. Jahrhunderts, die Barmer Theologische Erklärung von 1934. An ihrer Entstehung war Barth nicht unerheblich beteiligt. Auch sie erklärt nicht den Nationalsozialismus an sich zum Gegenstand ihrer theologischen Verwerfungen, sondern jenen Nationalsozialismus, der im Gewand des christlichen Glaubens als Geist der Kirche, also in Gestalt der Unterwanderung der Kirche durch die sogenannten »Deutschen Christen« sein ungläubiges Unwesen zu treiben beginnt. Dieses häretische Unwesen besteht darin, nicht Christus, sondern einen anderen Herrn zum Herrn der Kirche und das Wort eines totalitären Herrschers zum Wort Gottes zu machen.

Barth zitiert die erste These der Barmer Theologischen Erklärung[185] im Obersatz des Paragrafen 69 der »Kirchlichen Dogmatik«[186] unter der Überschrift »Die Herrlichkeit des Mittlers«. Jesus Christus erscheint dort als strahlendes Gegenbild des »in seiner Selbstbehauptung unfreien Menschen«[187], also der menschlichen Lüge und Verdammnis, die nicht zuletzt in der Zeit des Dritten Reichs offenbar wurde. Im Unterschied zu des-

---

184 A. a. O., 1.
185 Der Text der Barmer Theologischen Erklärung findet sich beispielsweise bei Martin Heimbucher und Rudolf Weth (Hg.), Die Barmer Theologische Erklärung. Einführung und Dokumentation, Neukirchen-Vluyn, 7., überarbeitete und erweiterte Aufl. 2009, 37ff.
186 KD IV,3/1, 1.
187 A. a. O., 425.

sen nichtigen Mächten offenbart Christus die Wahrheit. Er allein ist der Weg, die Wahrheit und das Leben. Joh 14,6 ist denn auch der ersten Barmer These vorangestellt. Sie lautet: »Jesus Christus, wie er uns in der Heiligen Schrift bezeugt wird, ist das eine Wort Gottes, das wir zu hören, dem wir im Leben und Sterben zu vertrauen und zu gehorchen haben.«[188]

Was aber versteht Barth nun genau unter Andersglaube? Welchen Unglauben im Gewand des Glaubens detektiert er als gefährlichsten Feind der evangelischen Kirche? – Im ersten Prolegomenaband der »Kirchlichen Dogmatik« deckt Barth vor allem zwei kirchengefährdende Häresien auf. Zur Überraschung jener Leserinnen und Leser, die nicht im Traum auf die Idee kämen, die beiden von Barth vernichtend kritisierten Glaubensformen mit Häresie in Verbindung zu bringen, proklamiert Barth – ein wenig theatralisch und von untergründigem rhetorischen Trommelwirbel begleitet: »Wir stehen vor dem Faktum der Häresie. Konkret: wir stehen vor dem Faktum des *römischen Katholizismus* in der Gestalt, die er sich im 16. Jahrhundert im Kampf gegen die Reformation gegeben hat. Und wir stehen innerhalb der organisatorischen Einheiten der evangelischen Kirchen selbst vor dem Faktum des in der mittelalterlichen Mystik und in der humanistischen Renaissance wurzelnden *pietistisch-rationalistischen Modernismus*.«[189]

Der modernistische Glaube ist für Barth deshalb häretisch, weil er eine »von der Aktualität der Offenbarung verschiedene existenzielle Potenzialität«, also ein »existenzial-ontologisches Prius«[190] zur Voraussetzung alles Redens von Gott und alles Wirkens Gottes macht. Er ist Ketzerei, weil er Glaube und Kirche »als Glied eines größeren Seinszusammenhangs und […] also Dog-

---

188 Martin Heimbucher und Rudolf Weth (Hg.), Die Barmer Theologische Erklärung, 37.
189 KD I,1, 133.
190 A. a. O., 37.

matik als Glied eines größeren wissenschaftlichen Problemzusammenhangs« versteht, »aus dessen allgemeinen Strukturgesetzen dann ihre besonderen Erkenntnisbedingungen abzulesen sind« und »ihre besondere Wissenschaftlichkeit zu erkennen ist«[191]. Weil diese modernen Voraussetzungen für den modernistischen Glauben normativen und deshalb »hoch theologischen Charakter«[192] haben, kann Barths Theologie sie unter keinerlei Umständen teilen. Denn sie würden ja normieren, wie von Gott zu reden ist und wie nicht. Damit aber würden sie Gott selbst normieren und einer Beurteilungsinstanz unterwerfen, die letztgültiger und damit göttlicher wäre als der Gott, der in derjenigen Theologie zur Sprache kommt, die besagten fremden Voraussetzungen folgt. Um der Göttlichkeit Gottes willen kann Barth den Pakt mit der Moderne in wissenschaftstheoretischer Hinsicht also nur aufkündigen. Barths Theologie wird dadurch aber nicht zu einer vormodernen, sondern zu einer nachmodernen oder vielmehr avantgardistisch modernen[193] Theologie – insbesondere dort, wo sie sich weigert, ihr Heil in der Flucht in die Harmonie von Natur und Gnade zu suchen. Und weil das Modell der Komplementarität und Synergie von Natur und Gnade seinerseits für Barth ein höchst fragwürdiges Modell der Verhältnisbestimmung von Gott und Welt ist, gilt Barths theologische Kritik nicht nur dem theologischen Modernismus, sondern auch dem römischen Katholizismus. Dieser ist ebenso Andersglaube wie jener, und er ist in gleicher Weise zu verwerfen. Denn die Voraussetzung des römischen Katholizismus, so Barth, »ist […] die, dass das Sein der Kirche, Jesus Christus, nicht mehr der freie Herr ihres Da-

---

191 A. a. O., 35.
192 Ebd.
193 In meiner Dissertation habe ich in diesem Zusammenhang zwischen der neuzeitlichen Moderne und der sogenannten Moderne des 20. Jahrhunderts unterschieden. Letztere kommt in der Kunst und in der Literatur des Expressionismus und der ästhetischen Avantgarden erstmals wenige Jahre nach dem Jahr 1900 zum Vorschein.

seins, sondern in das Dasein der Kirche hineingebunden« ist. So »bricht unsere Gemeinschaft mit diesem Glauben ab« – und zwar »angesichts der Art, wie Gnade hier Natur wird, wie hier das Handeln Gottes alsbald verschwindet und aufgeht im Handeln des begnadeten Menschen«[194]. Harte Worte.

Barths Kritik an der modernistischen Theologie ist ebenso wie Barths Kritik an der Theologie des tridentinischen Katholizismus die Kritik eines Weltbildes oder – mit Lyotards Worten – einer bestimmten Art von Metaerzählung. Mit seiner eigenen großen Metaerzählung sucht Barth diejenige Metaerzählung abzulösen, die vom Menschen und von der Natur so erzählt, als wären Mensch und Natur sakramentale Orte einer wissenschaftlich, existenziell oder institutionell dingfest zu machenden Anwesenheit Gottes.

Die schärfste Pointe der Kritik Barths an der Häresie der römischen Kirche besteht freilich in einem Vorwurf, den man Häresien gerade nicht zu machen pflegt, der aber im Zusammenhang der theologischen Konzeption Karl Barths nur konsequent ist – im Vorwurf nämlich, dass die römische Kirche davon ausgeht, dass es Gott gibt. Der Katholizismus, so Barth, »bejaht eine *analogia entis*, das Stattfinden einer Gottähnlichkeit des Geschöpfs auch in der gefallenen Welt und damit die Möglichkeit, das profane ›es gibt‹ auch auf Gott und göttliche Dinge anzuwenden«[195]. Der folgende Satz ist für Barths Gotteserkenntniskritik des natürlichen Menschen so exemplarisch wie aufschlussreich. Er zeigt nämlich, wie ernst es Barth mit der theologischen Beseitigung Gottes als eines möglichen Gegenstandes menschlicher Erkenntnis ist. Und er zeigt auch einmal mehr, dass sich unter einem offenbarungstheologischen Gewand eine höchst neuzeitliche Erkenntnistheorie verbirgt, für die es Gott ebenso wenig »gibt« wie für Karl Barth: »Die uns unter Vor-

---

194 KD I,1, 40.
195 Ebd.

aussetzung des evangelischen Glaubens übrigbleibende Möglichkeit einer Verständigung über die dogmatische Erkenntnis ist also nach *links* abzugrenzen durch den Verzicht auf die Voraussetzung einer existenzial-ontologischen Möglichkeit des Seins der Kirche, nach *rechts* durch den Verzicht auf die Voraussetzung eines kontinuierlich-vorfindlichen Hineingebundenseins des Seins der Kirche in eine geschöpfliche Gestalt, in ein ›es gibt‹. Nach links ist zu sagen: Das Sein der Kirche ist *actus purus*, freie *Handlung,* nicht kontinuierlich-vorfindliche Beziehung; Gnade ist Ereignis *personaler Zuwendung,* nicht übertragener dinghafter Zustand. Wir können nach links und rechts zunächst nur fragen: wie es denn anders sein soll, wenn das Sein der Kirche identisch ist mit Jesus Christus? Ist dem so, dann kann als Ort, von dem aus der Weg dogmatischer Erkenntnis zu sehen und zu verstehen ist, weder das Vorher einer anthropologischen Möglichkeit, noch das Nachher einer kirchlichen Wirklichkeit in Betracht kommen, sondern allein der je gegenwärtige Augenblick des Redens und Gehörtwerdens Jesu Christi selber, des göttlichen ›Lichtschaffens‹ in unseren Herzen.«[196] Gott also ist Akt, nicht Sein. Er ist radikale Freiheit und punktuelle Anwesenheit. Das muss sich auch erkenntnistheoretisch niederschlagen. – Und in der Tat hat der Mensch in Barths Theologie kein Organ für Gott. Die Ohren, mit denen er Gottes Wort hören kann, werden ihm – so Gott will – im Augenblick der Offenbarung von Gott verliehen und nach Verstreichen dieses Augenblicks sogleich wieder entzogen. Gott wird nicht zu einer irdisch jederzeit erkennbaren Realität. Es gibt ihn nicht so, wie es die raumzeitliche Welt des Geschöpflichen gibt. Genau dies übrigens hatte auch Immanuel Kant betont.

Ich habe an anderer Stelle schon angedeutet, dass sich unter den erkenntnistheoretischen Vorentscheidungen der Theologie Karl Barths folgende Gleichung aufstellen lässt: »Offenbarungstheologie minus Offenbarung = neuzeitliche Erfahrung

---

[196] A. a. O., 41.

der Abwesenheit Gottes.« Wenn diese Gleichung stimmen würde, dann wäre Gottesvergessenheit identisch mit Gottesentzug. »Gott gibt es nicht« hieße dann: »Gott gibt sich nicht«, und Theologie angesichts dieses Nichtgebens Gottes wäre ununterscheidbar von Fiktion. Dass der unverfügbare Gott sich aktual zur Theologie bekennt, kann diese, wie Günter Thomas feststellt, »nur als operative Fiktion mit sich führen. Theologie ähnelt in diesen Momenten fiktionalen Texten«[197].

Hätte Karl Barth an seinem theologischen Vorhaben, Gott der Welt konsequent zu entziehen, konsequent festgehalten und die Freiheit zur einzigen und entscheidenden Eigenschaft Gottes erklärt, dann hätte dies freilich äußerst illustre Konsequenzen zeitigen müssen. Kirche und Theologie wären dann nämlich strenggenommen unmögliche Möglichkeiten. Sie könnten allenfalls von einem abwesenden Gott künden, Gott einen Platz freihalten oder eine Art von Warten auf Godot alias Gott sein, von dem man nicht wissen kann, ob er sich überhaupt jemals zeigt. Allein Gott, nicht der auf Gott harrende Mensch, wüsste ja, ob er, Gott, in Theologie und Kirche irgendwelche Spuren zu hinterlassen gedenkt oder ob Theologie und Kirche bis zum Sankt-Nimmerleins-Tag von Gott gewissermaßen im Regen stehengelassen werden.

Wenn Barth diesen radikalen Offenbarungsaktualismus bis ans Ende durchbuchstabiert hätte, dann wäre er ein aussichtslos auf die Ankunft des ganz anderen Gottes wartender Wächter im Stile eines theologischen Samuel Beckett oder eines theologischen Franz Kafka geworden. Und seine gesamte Theologie, nicht nur den zweiten Römerbriefkommentar, könnte man mit dem Titel eines Vortrags überschreiben, den der französische Philosoph Jacques Derrida (1930–2004) im Jahr 1987 in Jerusalem gehal-

---

197 Thomas, Barths pneumatologischer Realismus und operativer Konstruktivismus, 100.

ten hat. Er lautet: »Wie nicht sprechen. Verneinungen«[198]. Barths (Post-)Modernität hätte das keinen Abbruch getan. Im Gegenteil. Der Christlichkeit seiner Theologie aber sehr wohl.

Barth musste also irgendwann klar geworden sein, dass eine negative Theologie der Unanschaulichkeit des positiven Heils nicht wirklich christlich war. Das erkenntnistheoretisch anfangs exzessiv eingesetzte Motiv des »Inkognito des Göttlichen«[199] und der Freiheit des sozusagen pubertär oder hysterisch stets anders sein wollenden Gottes konnte also nicht das einzige Zentrum von Barths Theologie bleiben, wenn diese über die Phase der negativ-dialektischen Theologie hinaus eine Zukunft haben sollte. Da Barth in seinem zweiten »Römerbrief« allen religiösen und kulturellen Erbaulichkeiten mit der Abrissbirne zu Leibe rückte, aber die Positivität Gottes letztlich stets zur treibenden Kraft dieses Zerstörungswerks erklärte, schrie irgendwann alles nach einer positiven Thematisierung dieser Positivität. 1922 schrieb Barth: »[Dort, gerade dort,] wo das Inkognito des Göttlichen am undurchdringlichsten ist, […] begegnet uns […] Jesus Christus.«[200] Wie er dies tut, ohne eine Spur der Verwüstung zu hinterlassen, harrte noch der Entfaltung. Diese Entfaltung erfolgte von 1932 an in der »Kirchlichen Dogmatik«.

Im ersten Band der Gotteslehre, also in KD II,1, wird die göttliche Positivität zunächst nur zaghaft zur Sprache gebracht. Sie steht im Schatten der Freiheit eines Gottes im Widerspruch, der gewissermaßen noch etwas zögert, sich zu binden. Gott ist, wie es im Paragrafen 28 formuliert wird, »der Liebende in der Freiheit«[201]. – Ich verkneife es mir hier, diese Formulierung vor

---

198 Jacques Derrida, Wie nicht sprechen. Verneinungen, hg. von Peter Engelmann, übersetzt von Hans-Dieter Gondek, Wien 1989. Zur Sprache der Differenz bei Barth und Derrida siehe Graham Ward, Barth, Derrida and the Language of Theology, Cambridge 1999.
199 Barth, Der Römerbrief. Zweite Fassung 1922, 339.
200 Ebd.
201 Karl Barth, Kirchliche Dogmatik Bd. II,1, Zürich 1940, 288.

dem Hintergrund von Barths Beziehung mit den zwei Frauen seines Lebens, seiner Ehefrau Nelly Barth-Hoffmann (1893–1976) und seiner Sekretärin und Assistentin Charlotte von Kirschbaum (1899–1975), biografisch zu deuten.[202]

Barth konzipiert die Gotteslehre im ersten Anlauf als Ellipse mit den zwei Brennpunkten Freiheit und Liebe. Im Neuansatz der Erwählungslehre von KD II,2, also einen Teilband später, stellt dann die Liebe die Freiheit Gottes in den Schatten. Denn der freie Gott hat sich entschieden. Er bestimmt sich unwiderruflich zur Liebe. Er erwählt sich selbst als liebenden Gott und den Menschen als geliebten Menschen. In dieser Liebe geht er – wie wir bereits gesehen haben – so weit, am Kreuz die Verwerfung des Menschen auf sich selbst zu nehmen. Er beschließt mithin – und zwar von Ewigkeit her –, kein Gott sein zu wollen, der über alle Möglichkeiten der Machtausübung verfügt und sich seiner Allmacht willkürlich bedienen kann. Wie im wirklichen Leben manchmal zu beobachten, geschieht es also auch im göttlichen Leben, dass die Liebe dem Willen zur bindungslosen Freiheit und dem Willen zur Wahl verschiedener Möglichkeiten ein Ende setzt.

Während in den ersten drei Teilbänden der »Kirchlichen Dogmatik« das selbstwidersprüchliche Oszillieren Barths zwischen einer Gotteslehre der Freiheit und einer Gotteslehre der Liebe noch deutlich zu spüren ist, erinnert in der Erwählungslehre wie gesehen kaum mehr etwas daran. Denn dort verpflichtet sich Barth darauf, nicht mehr anders von Gott zu denken als von einer unwiderruflich die Liebe wählenden und Liebe übenden Macht. Mit anderen Worten: Gott hat Barth zufolge den Menschen *immer schon* für sich erwählt und ihm sein Ja-Wort gegeben. Trotzdem bleibt Gott der ganz Andere – insofern nämlich, als auch Gottes Liebe sich allen menschlichen Instrumentalisierungsversuchen entzieht. Gott ist die Liebe. Aber die Liebe ist nicht Gott. Sie geht

---

202 Zu Barths Dreiecksverhältnis siehe Klaas Huizing, Zu dritt. Karl Barth, Nelly Barth, Charlotte von Kirschbaum, Tübingen 2018.

nicht in dem auf, was wir als zwischenmenschliche Liebe – und sei sie noch so radikal und ideal – erfahren. Auch und gerade als der Liebende erscheint Gott in unserer Welt als der schlechterdings Fremde.

Barths Gotteslehre der freien Liebe stellt also nicht nur eine Übersetzung Gottes in die vertraute menschliche Sprache der Liebe, sondern letztlich das Gegenteil, nämlich eine Enteignung der Theologie und ihrer menschlich-allzumenschlichen Übersetzungsversuche dar. Und in dieser Enteignung erweist sich die Theologie Karl Barths einmal mehr als das, was sie von Anfang an war: Theologiekritik. Sie lässt Theologie und Kirche mit leeren Händen zurück. Sie nimmt der Theologie ihren vornehmsten Gegenstand, indem sie sie der Möglichkeit beraubt, nach Belieben mit Gott verfahren zu können – und sei es nach dem Belieben, die göttliche und die menschliche Liebe identifizieren zu wollen.

Man könnte es allerdings auch anders sagen: Barths Gotteslehre gibt der Theologie ihren Gegenstand zurück, indem sie diesen Gegenstand wieder zum freien Subjekt werden lässt, das grundsätzlich nur durch sich selbst, nicht aber durch uns Menschen definiert werden kann. Barth nahm für sich in Anspruch, den bestmöglichen Grund dafür auf seiner Seite zu haben: die Bibel selbst. Barth las sie so, dass alles, was in ihr im Blick auf Gott zur Sprache kommt, urbildlich ist. Üblicherweise pflegen wir ja zu sagen, dass wir als Menschen nicht anders können, als anthropomorph von Gott zu reden und die Wirklichkeit des Reiches Gottes mit unseren Worten, mit unseren Sprachbildern und mit unseren Erfahrungen zu beschreiben. Manchmal machen wir aus dieser Not und Unzulänglichkeit menschlichen Redens von Gott geradezu eine Tugend, indem wir Gott in ein zwischenmenschliches Phänomen auflösen, das einzig mit Metaphern der Sprache der Zwischenmenschlichkeit beschrieben werden kann. Karl Barth dagegen dreht den Spieß um. Er beharrt nämlich darauf, dass die menschlichen Worte und Sprachbilder, mit denen die Bibel die Wirklichkeit Gottes beschreibt, ihre wahre und eigentliche Bedeutung erst durch die Begegnung mit dieser göttlichen Wirklichkeit gewinnen. Was Liebe ist, erkennen wir also erst dadurch, dass wir entdecken, welche Gestalt der Beziehung zwischen Gott und Mensch in der Bibel mit dem Wort »Liebe« beschrieben wird. Und was mit dem Wort »Gott« gemeint ist, erschließt sich uns ausschließlich an der Geschichte Jesu von Nazaret, die in den Evangelien erzählt wird. Anders gesagt: Gott lässt sich nicht durch den von uns vorausgesetzten und uns immer schon bekannten Sinn unserer religiösen oder säkularen Worte definieren. Er definiert diesen Sinn vielmehr selbst und gibt den Worten erst ihren eigentlichen Sinn – durch seine Offenbarung oder besser gesagt: durch Karl Barths Verständnis dieser Offenbarung. Denn letztlich ist es ja doch Karl Barth, der Gott vorschreibt, wie Gott zu sein hat. Indem aber Barth in nahezu jeden Vers der Bibel seine eigene Bundes- und Liebestheologie hineinliest und von dieser Theologie her die Liebe Gottes versteht, konterkariert und unterminiert er seinen eigenen offenbarungstheologischen Ansatz.

Ferner läuft Barths beharrliche Ermahnung, Gott nur ja nicht in ein wissenschaftliches, kirchliches oder religiöses Schema zu pressen, der versöhnungstheologischen Konzeption der »Kirchlichen Dogmatik« und nicht zuletzt der Bibel entgegen. Insbesondere die Passionsgeschichte der Evangelien lässt ja keinen Zweifel daran, dass sich der radikal liebende Gott in die Hände der Menschen begibt und sich ihnen rückhaltlos ausliefert. Die Bibel selbst also ist strenggenommen der Sargnagel der Idee eines Gottes, der sich allen menschlichen Versuchen, seiner habhaft zu werden, chronisch entziehen muss, um das schlechthin freie Subjekt zu bleiben.

Hätte Barth also nicht noch ernster nehmen können und müssen, was er in seiner Versöhnungslehre so großartig entfaltete, dass nämlich die Idee des freien und souveränen Subjekts ihrerseits eine zutiefst menschliche Idee und letztlich eine Projektion des Phantasmas neuzeitlicher Subjektivität ins Wesen Gottes darstellt? Hätte die große Erzählung seiner Dogmatik nicht viel konsequenter der großen biblischen Erzählung von der Passion die Treue halten und ernster nehmen sollen, dass Gott erst dort zum wahren Gott wird, wo er sich so sehr erniedrigt, dass aus dem »HERRN« ein »HERR« und aus dem »HERRN« ein Knecht wird – ein Knecht, der sich im Garten Getsemane verzweifelt nach der tröstlichen Gegenwart seiner Freunde sehnt, der sich ohne Widerrede verurteilen und auf Golgata töten lässt und der sich an Pfingsten ein- für allemal davon abhängig macht, dass Menschen im Geist Christi für Gott und füreinander da sind?[203] Hätte er nicht ernster nehmen sollen, dass der wirklich Liebende oft gerade nicht souverän bleibt, sondern der Unterlegene ist und viel leiden muss, wie es in Thomas Manns Erzählung »Tonio Kröger« heißt?[204] – Leider ergriff Barth die Chance nicht, die in seiner eigenen Theologie angelegt war: Er ging nicht so weit, Gott konsequent als andersmächtigen Gott jenseits von Allmacht und Ohnmacht zu denken. Anders Dorothee Sölle (1929–2003)[205] und Dietrich Bonhoeffer: Sie verfolgten die Idee der schwachen Macht Gottes weiter. Beide gingen jenen letzten Schritt der Theologie der Selbstbindung Gottes an den Menschen[206], den Barth nicht zu gehen vermochte, weil er trotz seiner Erwählungslehre und trotz seiner Versöhnungslehre letztlich zeitlebens daran festhielt, dass das göttliche Subjekt durch alles, was man ihm positiv oder negativ in den Weg stellt, wie Christus in Lk 4,30 souverän hindurchschreitet – und zwar nicht nur in der Andersartigkeit

---

203 Vgl. auch Ralf Frisch, Was können wir glauben? Eine Erinnerung an Gott und den Menschen, Stuttgart 2017, 157–163.
204 Thomas Mann, Tonio Kröger, Frankfurt a. M. 1973, 11.
205 Siehe dazu Dorothee Sölle, Stellvertretung. Ein Kapitel Theologie nach dem ›Tode Gottes‹, Stuttgart 1965.
206 Vgl. zu diesem Thema Rebekka A. Klein und Friederike Rass (Hg.), Gottes schwache Macht. Alternativen zur Rede von Gottes Macht und Ohnmacht, Leipzig 2017.

seiner Freiheit, sondern auch in der Andersartigkeit seiner Liebe. Barths Theologie ist und bleibt eine souveräne Theologie der freien Liebe eines Gottes, der auch in der tiefsten Selbsterniedrigung noch »HERR« des Geschehens bleibt.

Doch lassen wir die Problematik von Barths Über-Akzentuierung der Souveränität und Autonomie Gottes an dieser Stelle auf sich beruhen und halten wir stattdessen fest: Trotz aller theistischer und trotz aller übertrieben calvinistischer Versuchungen seiner Theologie schlägt Barth der Kirche und der Theologie Gott nicht nur aus den Händen. Er füllt ihre Hände auch. Das ist das Wesentliche der Erwählungs- und der Versöhnungslehre Barths. Und so kann Karl Barth, »Gottes fröhlicher Partisan«[207], in unbändiger Glaubensheiterkeit davon künden, dass Gott der Liebende ist und bleibt. Und auch fünfzig Jahre nach Karl Barth können Kirche und Theologie getrost beschließen, nichts anderes von Gott wissen zu wollen, als dass er die Liebe ist, weil sie wissen, dass Gott sich definitiv in Jesus Christus offenbart hat.

Weil aber Gott unverbrüchlich Liebe ist, wird Barths Rede vom »*actus purus*«, vom »je gegenwärtigen Augenblick des Redens und Gehörtwerdens Jesu Christi selber« sowie von der »Aktualität der Offenbarung« nach Christus eigentlich hinfällig. Theologie und Kirche nach Karl Barth können letztlich getrost darauf verzichten, unentwegt die Unverfügbarkeit Gottes zu akzentuieren. Denn Gott hat geredet. Und Kirche und Theologie brauchen nicht mehr darauf zu warten, dass er es wieder tut. Was sollte er Neues sagen oder wirken, wenn er sich innertrinitarisch im zeitlosen ewigen Anfang der Wege und Werke Gottes dazu bestimmt hat, in der Person Jesu Christi alles über sich zu offenbaren? Und was sollten wir also nach Christus noch Neues von Gott hören oder sehen wollen – außer vielleicht, dass er die erlö-

---

207 So der Titel der Zeitschrift DER SPIEGEL vom 23. Dezember 1959. Siehe www.spiegel.de/spiegel/print/d-21112491.html.

sende Vernichtung des Nichtigen deutlich und wirklich sichtbar werden lässt?

Wozu nach Christus und nach Barth dann aber überhaupt noch Theologie? Wozu überhaupt noch Kirche? Dass längst alles von Gott gesagt ist und dass wir von Gott nichts anderes wissen wollen sollen, als dass er die Liebe ist, könnte irgendwann ja auch dazu führen, dass wir gar nichts mehr von Gott wissen wollen, weil wir bereits alles über ihn wissen. Und weil Letzteres nach Karl Barth der Fall ist, könnten wir es uns im Grunde auch sparen, irgendwelche wie auch immer gearteten Versuche des Dialogs mit den Wissenschaften oder mit anderen Religionen zu unternehmen. Wie Karl Barth in der »Lichterlehre«[208] in Band IV,3/1 seiner »Kirchlichen Dogmatik« gezeigt hat, könnten diese Dialoge ja nur zu Tage fördern, dass die anderen Wissenschaften und Religionen genau dann auf ihre nichtchristliche und säkulare Weise die Wahrheit sagen, wenn diese Wahrheit der Wahrheit entspricht, die die christliche Dogmatik zuvor als offenbarte Wahrheit Jesu Christi zu Tage gefördert hat.

Wir können also eigentlich die Theologie auf sich beruhen und den lieben Gott im wahrsten Sinn des Wortes einen guten Mann sein lassen. Und in genau dieser Erkenntnis ist meines Erachtens die theologische Pointe der Freilassung Gottes durch Karl Barth zu suchen, deren anthropologische Quintessenz wie gesehen darin besteht, dass wir eigentlich auch von uns selbst lassen und getrost unserer Wege gehen können, ohne etwas oder jemanden aus uns machen zu müssen – es sei denn, dies würde in der gelassenen und spielerischen Freiheit der Kinder Gottes geschehen.

Dass wir um Gottes Liebe und Gnade wissen, kann in letzter Konsequenz also auch religionslose Züge tragen. Wer sagt denn, dass diejenigen, die den lieben Gott einen guten Mann sein lassen, ohne sich auch nur im Geringsten um Gottes Liebe

---

[208] KD IV, 3/1, 40–187.

und Gnade zu scheren, fern vom Reich Gottes sind? Vielleicht handeln gerade sie im Geist der Verkündigung Jesu, indem sie schlicht und einfach als freigelassene Menschen unter dem Himmel ihrer Wege gehen?

Wenn wir Barths großer theologischer Erzählung Glauben schenken und sie zu unserer Lieblingserzählung machen, die man erfinden müsste, wenn sie nicht wahr wäre, dann können wir es unsererseits jenen Menschen gleichtun, die gottesvergessen und weltlich ihrer Wege gehen. Und es wäre nicht schlimm, wenn wir dies täten – weder für Gott selbst noch für uns. So oder so können wir ja nicht daran rütteln, dass alles gut ist.

Wenn es also eine wahrhaft liberale Theologie gibt, dann ist es die Theologie der »Kirchlichen Dogmatik«. Denn sie ist befreiend in jeder Hinsicht. Sie befreit uns – wie wir gleich sehen werden – nämlich auch davon, ein religiöses Leben führen zu müssen.

8. Gott statt Religion
Theologische Religionskritik

Religion ist nicht die Lösung. Sie ist das Problem. – So ungefähr lautet der Tenor jener Religionskritiker, die im islamischen Fundamentalismus unserer Zeit die größte Bedrohung der Freiheit unserer Welt sehen und Religion daher grundsätzlich verurteilen.

Die Religion, auf die sich fundamentalistische, militante und terroristische Muslime berufen, ist in der Tat ein Problem, und zwar deshalb, weil sie ein Angriff ist – ein Angriff auf die liberalen, freizügigen und toleranten Demokratien, zu denen die Gesellschaften des ehemals christlichen Abendlandes in mitunter schmerzlichen Prozessen der Aufklärung, der Säkularisierung und der Demokratisierung geworden sind. Dass Religion ein Problem ist, zeigt sich auch daran, dass der Nationalsozialismus ebenso wie der real existierende Sozialismus religiöse Züge trug. Und religiöse Züge tragen auch viele andere Regime, deren Autokraten naturgemäß auf gutem Fuß mit Gott zu stehen meinen, an den sie zwar nicht glauben, dessen Macht sie aber gerne hätten.

Die Religionskritiker unserer Tage kritisieren die Religion deshalb, weil sie wieder einmal ihre menschenverachtende Fratze zeigt und Menschen dazu bringt, im Namen einer göttlichen

Autorität Gewalt an sich selbst und anderen zu üben. Wer sich Gott unhinterfragt und blind unterwirft – nicht, weil das Göttliche das Gute ist, sondern weil das, was irgendein noch so unguter Gott fordert, gut ist –, handelt offenkundig irrational. Und wer aus religiösem Gehorsam irrational handelt, ist zweifellos gefährlich, weil er durch keine Vernunft und durch keine Moral der Welt zur Vernunft zu bringen und weil er auf das menschendienlich Gute nicht ansprechbar ist. Der religiöse Mensch, so das pauschale Urteil der Religionsfeinde, unterwirft sich einer Macht, deren Wesen darin besteht, sich alles zu unterwerfen. Wer sich aber alles despotisch unterwerfen und zu blindem Gehorsam zwingen will, spottet der Kultur der Autonomie, der Mündigkeit und der Freiheit desjenigen Geistes, der die modernen Wissenschaften, die moderne Kunst und die moderne Literatur hervorgebracht hat. Die Religion der gewaltsamen und irrationalen Unterwerfung[209] spottet aber vor allem der freien und selbstbestimmten Art zu leben, die die Bewohner säkularer demokratischer Gesellschaften gewohnt sind und allenfalls aus Gewöhnung nicht mehr wertschätzen. Die Anschläge des religiös begründeten Terrors zielen auf das liberale und lebensbejahende Herz dieser trotz aller Fremdbestimmung selbstbestimmten Gesellschaft. Und sie ereilen uns unverfügbar. Niemand soll sich sicher fühlen können – Christen nicht, Atheisten nicht und auch Muslime nicht.

Auf den ersten Blick scheint es, als wäre der Gott des unkontrollierbaren Terrors aus demselben theologischen Holz geschnitzt wie der freie und unverfügbare, kontingent sein Wesen treibende Gott der ersten Bände der »Kirchlichen Dogmatik«. Unkontrollierbarkeit machte ja auch dessen Natur aus, ehe sich Barth darauf festlegte, dass sich Gott immer schon auf die Liebe als allesentscheidenden Charakterzug festgelegt hat. Weil aber Gott Liebe ist und weil diese Liebe am Kreuz ihrerseits der politischen

---

209 Siehe dazu Michel Houellebecq, Unterwerfung, Köln 2015. Die französische Originalausgabe trägt den Titel »Soumission«, Paris 2015.

und religiösen Gewalt zum Opfer fällt, ist er mitnichten aus demselben, sondern aus ganz anderem theologischen Holz geschnitzt als der Gott des Terrors und der Gott unkontrollierbarer Macht. Und aufgrund dieser liebenden Selbstfestlegung und Selbsthingabe Gottes trifft alle Identifizierungen Gottes mit der Macht an sich der theologische Zorn Karl Barths. Insbesondere in seiner Versöhnungslehre hat Karl Barth trotz aller Schwundstufen des Liebäugelns mit einem theistischen, nach dem Bild absoluter Allmacht geschaffenen Gott treffsicher notiert, dass der Mensch das Wesen Gottes zutiefst missversteht, wenn er Gott als eine Macht begreift oder gar verehrt, die sich auf Kosten anderer durchsetzt.

Das Wesen von Macht besteht Max Weber zufolge darin, jederzeit die Chance zu haben, »innerhalb einer sozialen Beziehung den eigenen Willen auch gegen Widerstreben durchzusetzen, gleichviel worauf diese Chance beruht«[210]. Die Macht als Macht will also nur sich selbst. Sie will sich dem Leib und der Seele des anderen einprägen, ohne diesem anderen die freie Selbstentfaltung zu gönnen – ganz anders als der Gott Jesu Christi, der nicht nur ganz anders ist als diese Macht, sondern als Macht der Liebe auch das Wohl und das Heil des anderen, nämlich des Menschen will. Wenn das Wesen der religiösen Gewalt der Definition Max Webers folgt, dann gehört die dunkle Seite der Macht zum Wesen der Macht. Der Name dieser dunklen Seite ist Gewalt. Ihr Wesen besteht in der Verletzung der körperlichen und seelischen Integrität eines anderen ohne dessen Zustimmung und zu dessen Schaden. Michel Foucault hat – Max Webers Definition zuspitzend – das Phänomen der Gewalt wie folgt beschrieben: »Ein Gewaltverhältnis wirkt auf einen Körper, wirkt auf Dinge ein: es zwingt, beugt, bricht, es zerstört: es schließt alle Möglichkeiten

---

210 Max Weber, Wirtschaft und Gesellschaft. Grundriss der verstehenden Soziologie, Tübingen 1985, 28.

aus; es bleibt ihm kein anderer Gegenpol als der der Passivität.«[211] All diese Auffassungen von Macht und Gewalt aber fusionieren in jener terroristischen Religiosität, die der freiheitlichen Gesellschaft und ihrer Art zu leben den Krieg erklärt hat.

Karl Barth ließ unter dem Eindruck eines anderen Terrors keinen Zweifel daran, dass der Begriff eines einsam selbstherrlichen höchsten Wesens, das auf Kosten anderer zur Macht gelangt, dem Wesen und der Macht Gottes zutiefst widerspricht. Dieses absolute Wesen ist Barth zufolge ein teuflisches Wesen. Und der Mensch, der sich oder andere einem Wesen unterwirft, das nackte Unterwerfungsgewalt ist, geht im wahrsten Sinne des Wortes zum Teufel: »Und nun ist ja […] gerade das auch des Menschen Irrtum über Gott, dass der Gott, dem er gleich sein möchte, offenbar ein nur für sich seiendes, nur sich selbst bejahendes und wollendes, nur in sich zentriertes und nur um sich selbst rotierendes höchstes Wesen ist. Dieses Wesen ist nicht Gott […]. Wie täuscht sich der Mensch im Vollzug jener tollen Verwechslung zuerst und vor allem über Gott! Eben nicht einmal das gelingt ihm, wenigstens die wirkliche Gottheit in sich selbst zu verehren, sondern indem er sich selbst absolut setzt, ist es schon das Bild einer falschen Gottheit, die er in sich zu finden meint, verehrt und anbetet: eben in diesem ›Absoluten‹ das Urbild aller falschen Götter. Indem er sich selbst an der Gnade Gottes vorbei und unter Abschüttelung seiner Verantwortlichkeit ihm gegenüber wählt, wählt er also auch in dieser – und gerade in dieser entscheidenden – Hinsicht das in sich Nichtige. Er macht Gott, wie Luther richtig gesehen und gesagt hat, zum Teufel […]. Denn wenn es einen Teufel ›gibt‹, so ist er identisch mit dem eines [sic!]

---

211 Michel Foucault, Subjekt und Macht, 254. Siehe dazu auch Ralf Frisch, Gewalt als Krise der Religion. Eine theologische Auseinandersetzung mit der dunklen Seite der Macht, in: Wilhelm Schwendemann, Barbara Städtler-Mach u. a. (Hg.), Krise und Konflikt. Evangelische Hochschulperspektiven Bd. 11, Freiburg 2015, 229–244.

höchsten, allein sich selbst setzenden und wollenden, einsam selbstherrlichen und also ›ab-soluten‹ Wesens.«[212]

Es ist mit Händen zu greifen, dass diese Analyse in Barths Theologie nicht nur eine theologische, sondern auch eine anthropologische Dimension hat. Denn natürlich ist auch der Mensch der Moderne eine Art höchstes, allein sich selbst setzendes und wollendes, einsam selbstherrliches absolutes Wesen. Der aufgeklärte Mensch, der sich nach Gott und nach Kant seines Verstandes ohne der Leitung eines anderen bedient, macht von seiner Autonomie immer verbissener Gebrauch und gerät als absoluter Mensch schließlich zum Götzen seiner selbst. Auf diese Weise aber pervertiert er seine Gottebenbildlichkeit; denn er wird zum höchst problematischen Ebenbild eines höchst problematischen Gottes. Das gilt exemplarisch für jene Machthaber, die mit der aufgeklärten Moderne und deren Ideal der Autonomie nichts im Sinn haben und wie der absolute Gott geradezu das Urbild des Sünders sind, den Luther als *homo incurvatus in se ipsum*, als in sich selbst verkrümmten Menschen bezeichnete.[213] Insofern der Homo sapiens aber ein solcher *homo incurvatus in se ipsum* ist, kann im Blick auf das menschliche Tun und Treiben in der Geschichte von einem wirklichen Fortschritt nicht die Rede sein. Wäre das, was der Mensch in seiner Geschichte anzurichten imstande ist, nicht so ernst, müsste man über ihn, das lächerliche Wesen, lachen. Zumal dann, wenn man Sätze wie den folgenden liest, mit dem Barth den sich selbst ermächtigenden Homo sapiens der Lächerlichkeit preisgibt. Der Mensch, so Barth, ist »*stationär*, in seinem Agieren und Reagieren einem am Göpel im

---

212 KD IV,1, 468f. Vgl. dazu auch Frisch, Was können wir glauben?, 323f.
213 Martin Luther, Scholion zu Römer 5,4, in: WA 56, 304, 25–29. Siehe dazu auch die erhellenden modernitätskritischen Analysen von Michael Trowitzsch, Karl Barth heute, z. B. 267. Vgl. auch ders., Über die Moderne hinaus, Tübingen 1999.

Kreis herum laufenden, höchst unvernünftigen Rindvieh leider gar sehr vergleichbar«[214].

Der Zusammenhang von Machtsteigerung und Religion, den Religionskritiker aller Zeiten immer wieder zu Tage gefördert haben, ist also auch das Herzstück von Barths theologischer Religionskritik, die den religiösen Menschen freilich so dekonstruiert, dass am Ende die Nichtigkeit seiner religiösen und weltlichen Unternehmungen offenbar wird. Im Wesentlichen ist Barths Kritik der Religion eine Kritik der ohnmächtig-mächtigen Selbstverabsolutierung des Menschen und der Funktionalisierung Gottes für dessen Zwecke. Folgt man Karl Barth, dann beseelt den religiösen Menschen keineswegs der Wunsch nach der heilsamen Nähe eines Gottes, der die Einkapselung des Menschen in sich selbst aufbricht. Ihn beseelt vielmehr ein hartnäckiger Wille zur Ferne Gottes[215]. Mit anderen Worten: In der Religion geht es um Gott nur insofern, als Gott zur Potenzsteigerung des Menschen instrumentalisiert wird. Der Potentat Adolf Hitler war für Barth der Inbegriff der verworfenen Figur des Absoluten.

Mit den Religionskritikern aller Zeiten hat Barth also eines gemeinsam: Er ist wie sie davon überzeugt, dass Religion nicht die Lösung, sondern das Problem darstellt.[216] Und dieses Problem stand ihm von 1933 bis 1945 in der Gestalt eines Menschen vor Augen, der seine Gewaltherrschaft religiös überhöhte, autorisierte und stilisierte.[217] Die Religionsfeindschaft der sogenannten Neuen Atheisten unserer Gegenwart speist sich aus den Gräuel-

---

214 KD IV,1, 565.
215 Diese Formulierung stammt von Hans-Georg Geyer, Anfänge zum Begriff der Versöhnung, in: Hans-Georg Geyer, Andenken. Theologische Aufsätze, hg. von Hans Theodor Goebel, Dietrich Korsch u. a., Tübingen 2003, 208–226, dort 217.
216 KD II,2, 305.
217 Siehe etwa Klaus Vondung, Deutsche Wege zur Erlösung. Formen des Religiösen im Nationalsozialismus, München 2013.

taten des terroristischen Islams.[218] Barths Religionskritik speiste sich aus den Gräueltaten des terroristischen totalitären Staates. Und angesichts dieses Staates wurde Karl Barth neben Dietrich Bonhoeffer zu einem der schärfsten Religionskritiker seiner Zeit.[219]

Das plakativste Etikett, das Barth dem Phänomen des Religiösen in seiner »Kirchlichen Dogmatik« anheftet, trägt die Aufschrift »Unglaube«[220]. Als Unglaube ist Religion »geradezu *die* Angelegenheit des gottlosen Menschen«[221]. Und Unglaube ist Religion nicht zuletzt deshalb, weil sie eine Weise des Menschen ist, »sich gegen Gott zu verschließen«[222], selbst, wenn sie das Gegenteil im Schilde zu führen scheint. Der Unglaube, so Barth[223], »ist immer der Glaube des Menschen an sich selbst«, und er verbirgt sich sogar in nichtreligiösen und religiösen Erscheinungsformen der Problematisierung von Religion. Barth nennt stellvertretend dafür die Mystik und den Atheismus. Heute würde das, was Barth Mystik nennt, unter den beliebten Begriff der Spiritualität fallen. »Unsere Aufgabe ist«, so Barth, »zu zeigen, dass die Religion auch in diesen beiden Formen im Guten wie im Bösen, in ihrem Erfolg wie in ihrem Misserfolg durchaus bei sich selber bleibt«[224]. Barth dechiffriert Mystik und Atheismus als Strategien der Steigerung menschlicher Seinsmächtigkeit. Der atheistische, der mystische und der spirituelle Mensch bleibt aber Barth zufolge wie jeder

---

218 Stellvertretend nenne ich Richard Dawkins, The God Delusion, London 2006. Deutsche Ausgabe: Der Gotteswahn, Berlin 2008. Siehe dazu u. a. Ulrich H. J. Körtner, Gottesglaube und Religionskritik, Forum Theologische Literaturzeitung Bd. 30, Leipzig 2014.
219 Barths Religionskritik ist entfaltet in: Karl Barth »Kirchliche Dogmatik« Bd. I,2, Zürich 1940, 304–396.
220 KD I,2, 324.
221 A. a. O., 327.
222 A. a. O., 338.
223 A. a. O., 343.
224 A. a. O., 344.

religiöse Mensch letztlich mit sich allein. Und genau das will er auch, weil er sich im Grunde seines Herzen in seiner Geistlichkeit wie in seiner Ungeistlichkeit selbst genug ist.

Man muss nur flüchtig auf die kirchliche, spirituelle und esoterische Landschaft unserer abendländischen Moderne blicken, um den Eindruck zu gewinnen, dass Barth trotz aller Zuspitzung und Übertreibung mit seiner Religionskritik nicht ganz falsch lag. Denn dass das Vehikel der Religiosität die Selbstverwirklichung desjenigen Menschen befördern soll, dem es längst nicht mehr um Gott geht, ist vielfach zu beobachten. Das gilt für die bösartigen Formen natürlich in noch viel stärkerem Maß als für die vielen gutartigen und harmlosen Formen von Religiosität. Vor allem jenen, die den Namen Gottes nicht nur fundamentalistisch im Munde führen, sondern in diesem Namen töten, geht es ausschließlich um sich – selbst dann, wenn sie sich auf die Idee einer absoluten Wahrheit berufen, deren totalitäre Herrschaft sie auf Erden durchsetzen wollen, indem sie Andersgläubige vernichten.

Barths Religionskritik ist wie seine gesamte Theologie als Versuch lesbar, Gott dem Verfügungsbereich menschlicher Manipulation zu entrücken. Der Theologe Michael Trowitzsch (*1945) hat den Geist, gegen den sich Barths Kritik der Religion richtet, wie folgt beschrieben: »In einem Wort lässt sich [...] das abgründige Problem der Neuzeit, ihr Grundübel, benennen: Gottesdeutung. [...] ›Unverfügbarkeit‹ soll eigentlich nirgendwo und in keiner Hinsicht sein [...]. Machbarkeit und Veranstaltung müssen eben selbstverständlich auch dem Heiligen beigebracht werden [...] – Gott.«[225] Um das zumindest theoretisch zu verhindern, muss Karl Barth Gott wie schon mehrfach gesehen zum ganz Anderen machen. Am Kreuz zeigt diese Andersheit ihr wahres, nicht schön anzuschauendes Gesicht. Wer würde einen

---

225 Trowitzsch, Karl Barth heute, 44f.

gekreuzigten Gott verehren wollen, der die Negation dessen ist, was sich der religiöse Menschenverstand unter Gott vorstellt?[226]

Den Argumenten der radikalen Religionskritiker, die in der Religion die diabolische Wurzel alles Bösen und aller Gewalt sehen, pflegen nicht-fundamentalistische religiöse Gemüter üblicherweise die zivilisierenden Eigenschaften der Religion entgegenzuhalten – insbesondere jener Religion, die wie die christliche Religion durch den Feuerbach religionskritischer Selbstaufklärung geschritten ist und sich seither zur Religion der Humanität geläutert hat. Das Credo der Religionsverteidiger gegenüber den mehr oder weniger gebildeten Verächtern der Religion besteht darin, Religion als Quelle der Stabilität, des inneren Friedens, des humanen Zusammenhalts der Zivilgesellschaft und als Hort der Menschenrechte ausdrücklich zu begrüßen. Ähnlich argumentieren die Verteidiger des Spirituellen. In der Spiritualität, so sagen sie, kommt der Mensch zur Ruhe und zu sich selbst. Er schöpft Kraft und tankt auf. – Ich will an dieser Stelle nicht meinen Spott über die Metapher des Auftankens ausgießen, aber es ist doch ersichtlich, dass sie den Menschen zu einem Wesen macht, dessen Bestimmung darin liegt, beschleunigt zu werden, um in der mobilisierten industriellen Gesellschaft umso effektiver mithalten zu können.

Christliche Religionsfreunde werden Religion nicht zuletzt als Quintessenz der Befreundung des Menschen mit seinem Nächsten und mit sich selbst zur Sprache bringen. Dafür nehmen sie sogar den Umweg über Gott in Kauf. Im Namen Gottes, so die Botschaft christlicher Religionsapologetik, wandelt sich der Mensch vom Feind zum Freund des Menschen. Denn auch Gott ist ein Freund, nicht der Feind des Menschen. Diese Überzeugung lässt sich natürlich auch in Karl Barths Theologie entdecken. Sie

---

226 So Friedrich Nietzsche, Der Antichrist. Fluch auf das Christentum, Kritische Studienausgabe Bd. 6, hg. von Giorgio Colli und Mazzino Montinari, Berlin und New York 1988, 225.

ist in gewisser Weise sogar ihre Quintessenz. Dennoch versuchte Barth niemals, diese Quintessenz des christlichen Gottesbildes humanistisch zu reduzieren und anthropologisch zu deduzieren. Und weil er dies nicht tat, hütete er sich auch davor, sie als eine Quintessenz derjenigen Form von Menschheitsreligiosität auszuweisen, an die sich christlicherseits gut anknüpfen lässt – auch deshalb, weil der neuzeitliche Mensch im Sinne Ludwig Feuerbachs nicht selten dazu neigt, Anthropologie als Geheimnis der Theologie und mithin den Menschen als Geheimnis und innerstes Wesen Gottes zu begreifen. Barth zeigte sich solchem anthropologischen Reduktionismus und anderen Versuchen humanistischer Anknüpfungstheologie gegenüber unzugänglich. Und zwar deshalb, weil Religion und anthropologische Reduktion für ihn nichts anderes als den Versuch darstellten, den im Ereignis der Geschichte Jesu Christi sich offenbarenden ganz anderen Gott der Erwählung, der Versöhnung und der freien Selbsthingabe durch eine Gotteswunschvorstellung von Menschen zu ersetzen, die nicht zu Gott, sondern nur zu sich selbst kommen wollen. Die Religion, so Barth, dem Feuerbachs Religionskritik in Fleisch und Blut übergegangen war[227], formt Gott nach dem Bild des Menschen und nach dem Bild seiner Bedürfnisse. Das ist unvermeidlich. Aber es ist offenbarungstheologisch gesehen fatal. Wer Gott wirklich unverfügbares, autonomes und freies Subjekt sein lassen will, darf sich nicht positiv auf Religion als Vehikel der menschlichen Identitätsfindung beziehen.

Dietrich Bonhoeffer brachte den Unterschied zwischen Christenmenschen und religiösen Menschen in seinem berühmten Gedicht »Christen und Heiden« zur Sprache. Es lautet: »Menschen gehen zu Gott in ihrer Not, flehen um Hilfe, bitten um Glück und Brot, um Errettung aus Krankheit, Schuld und Tod.

---

227 Siehe das Kapitel über Feuerbach, in: Karl Barth, Die protestantische Theologie im 19. Jahrhundert. Ihre Vorgeschichte und ihre Geschichte, Zürich, 5. Aufl. 1985, 484–489.

So tun sie alle, alle, Christen und Heiden. Menschen gehen zu Gott in seiner Not, finden ihn arm, geschmäht, ohne Obdach und Brot, sehen ihn verschlungen von Sünde, Schwachheit und Tod. Christen stehen bei Gott in seinen Leiden. Gott geht zu allen Menschen in ihrer Not, sättigt den Leib und die Seele mit seinem Brot, stirbt für Christen und Heiden den Kreuzestod und vergibt ihnen beiden.«[228] Und Bonhoeffer ging in Sachen Religionskritik sogar noch weiter. Er wollte nämlich im Unterschied zu Barth eigentlich ganz auf christlich-religiöse Begriffe verzichten und die Sprache der Religion in eine weltliche Sprache übersetzen, die auf säkulare Weise von der Umkehrung unserer Existenz durch den Gekreuzigten zeugt. Bonhoeffers Ermordung vereitelte dieses unvollendet und unausgereift gebliebene Vorhaben. Aber seit Bonhoeffers Tod haben sich Generationen von Theologen die Köpfe darüber zerbrochen, wie Bonhoeffer das Projekt einer nichtreligiösen Interpretation biblischer Begriffe, die mit der Diesseitigkeit des Glaubens und mit der Nachfolge Christi radikal Ernst macht, wohl hinausgeführt hätte.

Bonhoeffer vertrat die radikal kreuzestheologische und zugleich radikal neuzeitliche Überzeugung, Christen müssten als geistesgegenwärtige Zeitgenossen in der Welt leben, als ob es Gott nicht gäbe, lateinisch gesagt: »etsi Deus non daretur«[229]. Die Formulierung »etsi Deus non daretur« stammt ursprünglich von dem niederländischen Theologen und Rechtsgelehrten Hugo Grotius (1583–1645). Grotius war ein Vordenker der Säkularisierung. Die Prinzipien des Rechts gelten Grotius zufolge auch dann, wenn es Gott nicht gibt – »etsi Deus non daretur«. Die Geschichte der Neuzeit entfaltete sich Bonhoeffer zufolge so, dass dem Menschen in allen Bereichen immer deutlicher wurde, dass die Welt auch ohne die Arbeitshypothese Gott funktioniert

---

228 Dietrich Bonhoeffer, Widerstand und Ergebung, 188.
229 A. a. O., 192.

und sich auch nach dem von Nietzsche proklamierten Tod Gottes weiterdreht, als wäre nichts geschehen.

Barth sah Bonhoeffers Radikalität mit gemischten Gefühlen. Er befürchtete, dass Kirche und Theologie, wenn sie sich der Worte ihres ureigenen Sprachspiels nicht mehr bedienen, mit diesen Worten auch ihre Substanz verlieren und inmitten der anderen Sprachspiele dieser Welt am Ende unkenntlich werden könnten. »Wenn [...] die Kirche«, so Barth, »säkular wird, dann geschieht das größte für die Kirche *und* für die Welt denkbare Unglück [...]. Sie verliert dann ihr spezifisches Gewicht, ihren Sinn und ihre Existenzberechtigung.«[230] Sie macht dann keinen Unterschied mehr und begibt sich in Gefahr, die Andersheit des Evangeliums den vielen Evangelien der Welt gegenüber nicht mehr zum Ausdruck bringen zu können. Sie droht zur feierlichen Dekoration oder zum besserwisserischen Kommentar gesellschaftlicher, politischer und kultureller Angelegenheiten zu werden und den Narrativen ihrer Welt nichts theologisch Substanzielles mehr entgegensetzen zu können.

Allerdings beklagt Barth ebenso wenig wie Bonhoeffer die neuzeitliche Entwicklung des Abstandnehmens der Welt von religiösen Erklärungsmodellen. Barth beklagt vielmehr das Gegenteil: dass nämlich diese Welt und ihre Theologie nicht auf Abstand zur Religion gehen und Gott und das Christentum immer wieder aufs Neue mit den Mitteln des Aufweises der Plausibilität des Religiösen zu fundieren suchen. Natürlich beklagt Barth dies deshalb, weil er in diesem Fundierungsversuch den Ursprung aller falschen, genauer gesagt »gottlosen« Theologie sieht. Und deshalb ist ihm daran gelegen, Religion als Inbegriff einer bestimmten Form menschlichen In-der-Welt-Sein-Wollens grundsätzlich zu kritisieren – nämlich als Form eines In-der-Welt-Sein-Wol-

---

230 KD IV,2, 756.

lens, das alles immer nur auf dieselbe Weise anders, aber niemals das Alte im Sinne Gottes neu sieht.[231]

Es kann vor diesem Hintergrund nicht verwundern, dass nicht nur radikale Gestalten von Religiosität, sondern auch scheinbar harmloseste Pflänzchen des Religiösen Karl Barths Kritik anheimfallen. Weil Barth gerne das Kind mit dem Bade ausschüttete, entzog er, wie vor ihm Martin Luther, jeglichem religiösen Virtuosentum die Grundlage.[232] Barth unternimmt also gerade das nicht, was die Verteidiger der Religion gegen ihre Verächter in der Regel unternehmen: nämlich einen Unterschied zwischen »guter« und »schlechter« Religion zu machen. Dieser Unterschied ist allenfalls in ethischer und humanitärer Hinsicht, nicht aber in theologischer Hinsicht von Belang. Denn die christliche Religion ist ebenso wenig wie irgendeine andere Religion aus sich heraus wahrheitsfähig. Barths Religionskritik macht also anders als Bonhoeffers Gedicht keinen Unterschied zwischen Christen und Heiden, so nahe Bonhoeffer und Barth einander der christologischen Intention nach waren. Und Barth kann sich auch nicht darauf verstehen, in der nichtreligiösen Interpretation des Christlichen einen Vorteil gegenüber dessen religiöser Interpretation zu sehen. Beide laufen am Ende auf dasselbe hinaus: auf die Selbstlegitimierung und Selbstüberhöhung einer Welt, die zur Gotteserkenntnis weder willens noch in der Lage ist.

Gemäß der Logik von Barths Theologie der freien Subjektivität Gottes kann Religion nur dadurch zur wahren, Gott bezeugenden Religion werden, dass Gott dieser Religion sein unverfügbares gnädiges Ja-Wort gibt.[233] Eine Religion wird Barth zufolge wie gesagt nicht etwa dadurch wahr, dass sie christliche und nicht muslimische, jüdische oder buddhistische Religion ist. Und sie

---

231 Siehe dazu Ingolf U. Dalferth, Radikale Theologie, Leipzig, 2. Aufl. 2012, 239 u. ö.
232 Vgl. Sloterdijk, Nach Gott, 61.
233 KD I,2, 356.

wird auch nicht dadurch wahr, dass sie aufgrund der von ihr vertretenen Überzeugungen besser, menschenfreundlicher oder gottesnäher wäre als eine andere Religion. Wahr wird sie allein dadurch, dass Gott sich ihrer erbarmt. »Die christliche Religion hat […] dem Namen Jesus Christus nichts Eigenes entgegenzubringen, was sie nun etwa dessen würdig machen würde, […] als solche die wahre Religion zu sein. Wird sie Wirklichkeit, so wird sie es auf Grund freier, in Gottes Erbarmen und unbegreiflichem Wohlgefallen und sonst in gar nichts begründeter Erwählung […]. Und eben die Erwählung macht die christliche Religion zur wahren Religion.«[234]

Zwar lauert in allen positiven Religionen oder funktionalen Äquivalenten von Religion der von Barth diagnostizierte Unglaube, der als Glaube an einen Gott Gestalt gewinnt, der kein Gott, sondern die Vergottung der Macht ist. Der christliche Gott aber »unterscheidet sich […] gerade dadurch von allen falschen Göttern (unter denen in dieser Hinsicht besonders der Gott des Islams charakteristisch ist), dass er kein Gefangener seiner eigenen Hoheit ist, sondern – nicht in Preisgabe, sondern in Bewährung seiner göttlichen Majestät – auch niedrig sein kann.«[235] Wirklich christliche Christologie überwindet das »starre Bild des vor lauter Majestät toten Gottes«[236].

Und doch gilt die Kritik der »Kirchlichen Dogmatik« zuerst und vor allem jener Religion, die in der Kirche Jesu Christi zu Hause ist. Barths Religionskritik ist also nicht nur insofern aktuell, als sie den Kritikern der fundamentalistisch und terroristisch pervertierten islamischen Religion in die Hände spielt, der wir heute besonders sichtbar begegnen. Sie ist auch und gerade im Blick auf die theologische Selbstkritik der christlichen Kirche brisant. Und zu dieser Selbstkritik gibt es hinreichenden Anlass. Die

---

234 A. a. O., 382 und 384.
235 A. a. O., 45.
236 KD IV,2, 93.

Dreistigkeit, mit der in vielen kirchlichen Kreisen unserer Zeit der Name Gottes für die eigenen Zwecke instrumentalisiert[237] und sozusagen unnützlich geführt wird, ist erschreckend. Womöglich versteckt sich in der routinierten Weise, in der in der evangelischen Kirche »Gott« für alles und jedes, insbesondere für die eigenen Steckenpferde eingespannt wird, die eigentliche Blasphemie. Diese Blasphemie ist wie jede Blasphemie deshalb so heimtückisch, weil sie sich als ihr eigenes Gegenteil tarnt. Der kirchliche Betrieb kommt sehr gut und vielleicht sogar besser ohne Gott aus, nennt aber Gott unentwegt beim Namen und funktionalisiert diesen Namen unentwegt. Karl Barth würde sich darüber nicht wundern. Würde er heute leben, wüsste er genauso, wie er es 1914 und 1933 wusste, dass all das nicht zu ändern ist. Er wusste, dass der religiöse Mensch keinen Deut besser ist als der nichtreligiöse Mensch. Letzterer ist vielleicht sogar der gewissermaßen ehrlichere Sünder, weil er sich nicht darum bemüht, seinen Narzissmus und seinen Egoismus als religiöses Gutmenschentum und als christliche Nächstenliebe zu tarnen. Barth hat den Egoismus dieser Christlichkeit in seiner Versöhnungslehre messerscharf seziert: »Es gibt Liebe, in der man durchaus nicht liebt: in der man nämlich den anderen, dem man sie zuwendet, gar nicht meint und sieht, in der man, was ihm wohl und weh tut, überhaupt nicht bemerkt noch bemerken will, in der man ihn als Objekt seiner notwendig zu bestätigenden Liebe dichtet, um ihn dann als solches zu meistern und benützen zu können. Weil man nämlich seine eigene Liebe ins Werk setzen und entfalten, sie vor ihm, vor anderen, vor Gott und vor sich selbst unter Beweis stellen und nun eben in dieser sublimen Form sich selbst ausleben will. Und so gibt es Liebe, in der sich der andere, wie hingebend

---

237 Diese Sätze sind Früchte eines inspirierenden Austauschs mit Dieter Breit (*1961), dem Beauftragten der Evangelisch-Lutherischen Kirche in Bayern für die Beziehungen der Kirchenleitung zum Bayerischen Landtag, zur Staatsregierung und für Europafragen.

sie auch geübt werde, nun doch nicht von einer menschlichen Hand, sondern von einer klauenbewehrten Tatze ergriffen und nun erst recht isoliert, erkältet, befremdet, bedrängt, gedemütigt, auf seine eigenen bzw. unter die Füße des angeblich Liebenden getreten fühlen und also nicht eben dankbar reagieren wird. Großes Trauerspiel, das sich vielleicht gerade im Umkreis christlich begründeter und geformter Nächstenliebe (in christlichen Familien und Häusern, Vereinigungen und Anstalten) womöglich noch häufiger und erschütternder abzuspielen pflegt als im Umkreis der so viel weniger tief begründeten und differenziert geschulten und darum anspruchsloseren Menschenliebe, Höflichkeit, Umgänglichkeit und Geselligkeit der Weltkinder!«[238]

Auch der kirchliche Mensch ist und bleibt also der alte Adam, wenngleich es immer auch Menschen gab, gibt und geben wird, denen es in der Religion wirklich um Gott und eben nicht nur um sich selbst geht. Weil Barth jedoch wusste, wie schnell Menschen dazu neigen, durch religiöse Argumente ihre eigenen Positionen und Überzeugungen zu immunisieren, brachte seine Religions- und Kirchenkritik Gott vorsorglich vor allen Ausdrucksformen von Religion, vor deren Auswüchsen und vor deren Übergriffen in Sicherheit und schüttete einmal mehr das Kind mit dem Bade aus.

Die Instrumentalisierung des Namens »Gott« für die Selbsterhaltung des institutionalisierten Religionssystems thematisiert übrigens auch die sechste These der Barmer Theologischen Erklärung. Dort heißt es: »Der Auftrag der Kirche, in welchem ihre Freiheit gründet, besteht darin, an Christi Statt und also im Dienst seines eigenen Wortes und Werkes durch Predigt und Sakrament die Botschaft von der freien Gnade Gottes auszurichten an alles Volk. Wir verwerfen die falsche Lehre, als könne die Kirche in menschlicher Selbstherrlichkeit das Wort und Werk des Herrn in den Dienst irgendwelcher eigenmächtig gewählter

---

[238] KD IV,2, 496.

Wünsche, Zwecke und Pläne stellen.«[239] Weil aber dies in der Kirche permanent geschieht, kann man, so Barth, »wohl oft einen Ekel bekommen vor dem ganzen kirchlichen Wesen«[240]. Wie gut also, dass die Kirche nicht in diesem kirchlichen Wesen und Unwesen, sondern in Jesus Christus gründet.

Der zentrale Satz Barths in Sachen Kritik, Aufhebung und Rechtfertigung der Religion lautet: »Gottes Offenbarung in der Ausgießung des Heiligen Geistes ist die richtende, aber auch versöhnende Gegenwart Gottes in der Welt menschlicher Religion, das heißt in dem Bereich der Versuche des Menschen, sich vor einem eigensinnig und eigenmächtig entworfenen Bilde Gottes selber zu rechtfertigen und zu heiligen. Die Kirche ist insofern die Stätte der wahren Religion, als sie durch Gnade von Gnade lebt.«[241] Anders gesagt: »Die wahre Religion ist wie der gerechtfertigte Mensch ein Geschöpf der Gnade.«[242] In dieser Gnade ist die Religion, die an sich und aus sich heraus nie und nimmer wahr sein kann, aufgehoben. Und diese Aufhebung ist Barth zufolge eine Aufhebung der Religion, die viel radikaler ist als die Aufhebung der Religion durch irgendeine kulturwissenschaftliche, naturwissenschaftliche oder humanwissenschaftliche Religionskritik: »Die Aufhebung der Religion«, so Barth, »die einen wirklichen und gefährlichen Angriff auf diese bedeutet, steht in einem anderen Buch, neben dem die Bücher der Mystik und des Atheismus als reichlich harmlose Bücher zu bezeichnen sind.«[243]

Barths Idee der Aufhebung der Religion durch die Gnade ist natürlich ein theologischer Taschenspielertrick. Er besteht darin, so zu tun, als sei Barths Entscheidung, Religion als natürliche

---

239 Martin Heimbucher und Rudolf Weth (Hg.), Die Barmer Theologische Erklärung, 42. .
240 Barth, Dogmatik im Grundriss, 172.
241 KD I,2, 304.
242 A. a. O., 356.
243 Ebd.

Theologie zu kritisieren oder als von Gott gerechtfertigtes Gefäß der Wahrheit gelten zu lassen, prinzipiell anderer Natur als alle Entscheidungen, Erscheinungen und Reflexionen religiöser Rationalität. Phänomenologisch gesehen sind Barths Religionskritik und seine Idee der Rechtfertigung der Religion allein aus Gnade aber ihrerseits Ausdruck einer bestimmten religiösen Rationalität und eines bestimmten theologischen Konstruktivismus, die allerdings von Barths Kritik der Logik religiöser Rationalität und des theologischen Konstruktivismus ausgespart bleiben.

Aber »Trick« hin oder her: In einer Zeit der problematischen Wiederkehr der Religion und der christlich oder interreligiös unternommenen Versuche, die kultur- und gesellschaftsstabilisierende Kraft einer Religion mit wahrhaft menschlichem Antlitz zu demonstrieren, ist Barths theologische Religionskritik höchst aktuell. Sie sensibilisiert für die latente Gewaltförmigkeit religiöser Rationalität, wenn sie auch den erst neuerdings vermehrt in den Fokus gerückten Zusammenhang von monotheistischer Religion und Intoleranz gegenüber Andersdenken und Andersglaubenden noch nicht ausdrücklich in den Blick nimmt. Sie erkennt scharfsichtig selbst hinter der religiösen Indifferenz säkularer Gesellschaften das religiöse Muster der nicht immer unproblematischen Selbstintensivierung des Seins ihrer Mitglieder. Sie wittert den religiösen Dogmatismus der neuzeitlichen Wissenschaften, die sich letzte Worte anmaßen, wo sie doch nur Aussagen über vorletzte Dinge machen können. Sie verneint gelassen die Überlegenheit zivilisierter Formen religiöser Selbst-, Welt- und Gesellschaftsgestaltung über nichtreligiöse Gestaltungsformen des privaten und des öffentlichen Raums. Sie bestreitet umgekehrt, dass säkulare Wirklichkeitsdeutungen und Wirklichkeitsgestaltungen vorzugswürdiger sind als religiöse Wirklichkeitsdeutungen. Und sie neigt nicht dazu, den interreligiösen Dialog theologisch zu überschätzen. Weil Religion an sich ein problematisches Phänomen ist, kann es im interreligiösen Dialog fünfzig Jahre nach Barth allenfalls darum gehen, einander friedlich, gewaltfrei und tolerant als Menschen gleicher Würde zu begegnen. Weil Gott allein entscheidet, was Wahrheit ist, und weil er bei Barth trotz aller Selbstbindung offenbar doch niemals aufgehört hat, der Gott der *freien* Gnade zu sein, wird sich eine religionskritische Theologie nach Karl Barth davor hüten, den interreligiösen Diskurs zur Bühne des Streits um die Wahrheit zu machen. Und dennoch können wir als Christen letztlich nicht anders, als glaubend zu hoffen, dass Gott sich gerade der christlichen Religion deshalb gnädig erbarmt, weil sie in ihrer evangelischen Gestalt von diesem gnädigen Erbarmen in Jesus Christus zeugt und sich an dessen Gnade genügen lässt.

In einem Gespräch mit der »Mitteldeutschen Kirchenzeitung« hat Michael Trowitzsch in Sachen Dialog der Religionen wie folgt argumentiert: »Friedrich der Große vertrat ja den Grundsatz: ›Jeder soll auf seine Fasson selig werden.‹ Nun gut, das ist der Staat. Dem wird man als Christ, als Theologe entgegenhalten: Jeder soll auf die Fasson Gottes selig werden. Darauf kommt dann natürlich sofort der Einwand: ›Meinst du denn zu wissen, was die Fasson Gottes ist?‹ Antwort: Ja! Mit dem Neuen Testament geredet: Jeder soll auf die Fasson Christi selig werden.«[244] Die Fasson Jesu Christi aber besteht darin, die Freiheit der Bewahrheitung der christlichen Religion Gott anheimzustellen. Wenn sich Gott jedoch in der Freiheit seiner Liebe ein- für allemal an Christus gebunden hat, kommen wir eigentlich nicht umhin, diese Bewahrheitung immer schon vorauszusetzen. Wer wollte es evangelischen Christen, die darauf vertrauen, dass sie aus Gnade leben, also verdenken, wenn sie von der universalen Wahrheit des Evangeliums überzeugt sind? Weil es Barth zufolge aber auch zur Fasson Christi gehört, dass die Heilsoffenbarung

---

[244] Wenn uns die Wahrheit abhanden kommt. Michael Trowitzsch im Gespräch mit Sabine Kuschel, online unter www.mitteldeutsche-kirchenzeitungen.de/2013/10/15/wenn-uns-die-wahrheit-abhanden-kommt.

allen gilt und niemand ausgeschlossen ist, weil Christus für alle gestorben ist, kann dann doch getrost jeder nach seiner Fasson selig werden.

Karl Barth lässt in seiner Erwählungslehre und in seiner Versöhnungslehre keinen Zweifel an der Wirklichkeit der Allversöhnung. Wenn Gott »den sündigen Menschen für sich bestimmt und also die Verwerfung des Menschen mit allen ihren Folgen auf sich selber nimmt«[245], ist nur einer verworfen: Gott selbst. Alle anderen sind gerettet. »Gott will verlieren, damit der Mensch gewinne. Sicheres Heil für den Menschen, sichere Gefahr für Gott selber!«[246]

Das Nichtige freilich ist von dieser Errettung und deshalb auch vom Heil ausgeschlossen. Es kann nur zunichte werden – wobei zu fragen bleibt, ob der Asche der Vernichtung des Unmenschlichen am Ende nicht doch dasjenige entsteigt, was die gerichteten Unmenschen hätten sein können, wenn sich das Böse ihrer nicht bemächtigt hätte.

Barths Religionskritik öffnet weit weniger intolerant als die Religionskritik der radikalen Religionskritiker unserer Zeit den Horizont für eine Gestalt des In-der-Welt-Seins, das sich gelassen religiös, aber auch gelassen weltlich artikulieren und engagieren kann. Der religiöse Mensch ist keinen Deut besser, aber auch keinen Deut weniger gut als der nichtreligiöse Mensch. Auch säkulare Welt- und Menschenbilder können totalitäre, intolerante und ideologische Züge tragen. Die Befreiung der Welt von der Religion macht die Welt nicht notwendigerweise besser. Wenn die Befreiung der Welt von der Religion den Menschen nicht zugleich von den Eigendynamiken der Macht und der Gewalt befreit, bleibt die Welt so gewaltbereit, wie sie ist. Die Vorstellung, dass diese Befreiung jemals gelingen könnte, konnte Karl Barth indes nur

---

245 KD II,2, 101.
246 A. a. O., 177.

für blauäugig halten, weil sie die Macht der Sünde unterschätzt und verharmlost.

Folgt man Karl Barth, dann ist es also unmöglich, religionslos zu leben. Denn der Mensch unter der Signatur der Sünde scheint nicht anders zu können, als sich Götter zu machen – und sei es den Gott des »ICH!«[247] Diese Götter müssen nicht im religiösen Gewand daherkommen. Im Gegenteil. Sie entfalten ihre Macht in politischer, ethischer, ökonomischer, kirchlicher, medialer und narzisstischer Gestalt wie gesagt vielleicht dort am ungehindertsten, wo sie vom Menschen nicht als Götter durchschaut werden.

Eine der Stärken von Barths Religionskritik liegt also gerade darin, die Witterung für das Religiöse außerhalb der Religion aufgenommen und für die religiösen Züge auch einer nachreligiösen Gesellschaft sensibilisiert zu haben. Denn genau genommen gibt es keine nachreligiöse Gesellschaft. Gerade in der auf den ersten Blick säkularen Gesellschaft kehren die alten Götter in neuem Gewand wieder – die Götter, die uns das Leben nehmen unter dem Vorwand, es uns zu geben. Karl Barths Religionskritik ist deshalb so drastisch, weil sie um die Macht dieser Götter weiß. Andererseits ist sie eine höchst gelassene Religionskritik. Man muss diese Götter ernst, aber so ernst auch wieder nicht nehmen. Denn sie sind durch Christus besiegt, ohne dass wir sie aus eigener Kraft aus der Welt schaffen könnten oder müssten.

Die religionslose Welt, von der Bonhoeffer träumte, ohne die Wiederkehr der Religion im 21. Jahrhundert ahnen zu können, ist also ein Ding menschlicher Unmöglichkeit. Und daher gilt es christlicherseits davor zu warnen, eine Form von Religionskritik praktizieren zu wollen, die das Christentum für den Neuen Atheismus annehmbar macht – etwa so, dass man das Christliche auf das Menschheitsethische reduziert und sich wie

---

247 Siehe dazu Frank Schirrmacher, EGO. Das Spiel des Lebens, München, 2. Aufl. 2013.

seinerzeit Immanuel Kant zugunsten des Sittengesetzes von jenen theologischen Inhalten verabschiedet, die mehr zur Sprache bringen als die reine Vernunftmoral. Denn könnte es nicht sein, dass die alten Götter gerade im Kleid der Moral wiederkehren und uns keineswegs in die Freiheit, sondern in die Unfreiheit des Menschen unter dem Gesetz führen? Friedrich Nietzsche wusste sehr wohl, was er tat, als er den Tod Gottes auch als Tod des moralischen Menschen proklamierte. In der Moral witterte er nämlich den eigentlichen Feind des freien Menschen.

Man kann aber auch noch etwas anderes von Karl Barths Religionskritik lernen. Gerade der Versuch des Menschen, irgendeine höhere oder tiefere menschliche Wahrheit an sich selbst oder in einem ausdrücklich oder unausdrücklich religiösen Spiel oder Sprachspiel zur Erscheinung zu bringen, macht den Menschen zu einem besonders gefährlichen und gefährdeten Wesen. Es sollte der christlichen Menschheit fünfzig Jahre nach Karl Barth also nicht darum gehen wollen, so Mission zu treiben, dass Religion zu einem Merkmal von möglichst vielen Personen, Gruppen oder Nationen gemacht wird, die am Ende dann doch wieder im Namen Gottes zu menschlichen Erscheinungsweisen Gottes oder eben zu Unmenschen werden. Wenn Mission einen Sinn hat, dann einzig den Sinn der Verkündigung der freien Gnade Gottes an alles Volk[248], wie es in der sechsten These der Barmer Theologischen Erklärung heißt. Man kann also auch und gerade als Christenmensch gelassen darauf verzichten, Religiosität individuell oder kollektiv revitalisieren zu wollen. Denn es geht nicht um Revitalisierung von Religion, sondern um »*metanoia*«, also um ein Anderssehen der Welt, das sich nur einstellen, das aber nicht erzwungen werden kann. Es geht mit anderen Worten darum, Gott, sich selbst und die Religion sein zu lassen und unter dem Himmel als Mensch zu leben. Es geht darum, sich

---

248 Siehe Martin Heimbucher und Rudolf Weth (Hg.), Die Barmer Theologische Erklärung, 42.

gesagt sein zu lassen und sich und anderen gelegentlich zu sagen, dass alles gut ist und dass noch gut wird, was noch nicht gut ist. Dafür aber braucht es keine Religion – weder in ihrer privaten noch in ihrer öffentlichen Gestalt. Oder doch?

9. Gegen Macht
Der Herr der herrenlosen Gewalten

Die Kritik der Macht ist für Karl Barths Theologie zentral. Sie ist geradezu die Voraussetzung und die Quintessenz aller Kritik. Und weil sich Religion gerne mit der Vergottung von Macht liiert, die dann theologisch legitimiert wird, ist Barths Machtkritik konsequenterweise Religions- und Theologiekritik. Natürlich ist sie als solche auch Kultur- und Gesellschaftskritik. Barths theologischer Kampf gegen die Religion ist mittelbar der Kampf gegen jene Welt, deren Theorie und geistiges Aroma die Religion der Macht ist.[249] Die Götter, die in der Welt des Menschen ihr Unwesen treiben, aber gleichwohl als Götter verehrt werden, weil sie ein Glücksversprechen mit sich führen, dessen Einlösung uns der Erdenschwere enthebt, sind aber nicht Gott. Sie verdienen die Macht nicht nur nicht, die wir ihnen geben. Sie haben auch nicht die Macht, uns das Leben zu retten. Allenfalls können sie uns von sich abhängig machen. Sie sind anders als der Gott des Evangeliums keine Mächte, die den Menschen wählen, lieben

---

249 Nahezu genau so formulierte es Karl Marx. Siehe ders., Kritik der Hegelschen Rechtsphilosophie, 378f.

und sich zu ihm bekennen.[250] Sie sind Mächte, die sich auf Kosten des anderen, den sie von sich abhängig machen, selbst durchsetzen. Das Wesen, das sie treiben, kann man daher wie gesehen nur als Unwesen bezeichnen. Barth zufolge sind sie geradezu »Ausgeburten und Gestalten des Nichts, vor dem das Geschöpf als solches durch seine Erschaffung ausgenommen und bewahrt ist. Indem Gott der Schöpfer ist und als solcher sich offenbart, *verneint* er notwendig alle *Götter*«[251]. Dass diese Götter aber auf tönernen Füßen stehen, dass sie nicht geschaffen, sondern eigentlich schon zunichte gemacht sind, heißt nicht, dass ihre verheerend nichtende und vernichtende Macht nicht dennoch wirklich wäre.[252] Karl Barth tut jedoch alles, um sie als bereits gerichtet erscheinen zu lassen. Dass sie in den Augen Gottes nichtig sind, könnte also den Glaubenden dazu bringen, gelassen mit ihnen zu leben, wenn es denn nicht zu ändern ist, listig wie die Schlangen von ihnen zu profitieren, sofern sie es zulassen, gegen sie zu protestieren, wo der Geist des Evangeliums es erfordert, und sie im Übrigen guter Dinge zu verachten. Auf die Idee zu kommen, ihnen dienen zu wollen und sich von ihnen verführen, quälen und abhängig machen zu lassen, ist jedoch das Letzte, was aus christlicher Sicht angezeigt sein könnte. Wer auf Gottes Macht über die Mächte des Nichtigen vertraut, rechnet damit, dass diese Mächte zwar mächtig, aber weniger mächtig sind als Gott. Und es könnte sogar sein, dass sie nicht von Gott gerichtet werden, sondern an sich selbst zugrunde gehen, weil sie wie zerfallende chemische Elemente keinen dauerhaften Bestand haben können, so ehern und ewiggültig sie sich auch inszenieren. Wenn aber dies wahr ist, dann werden die Mächte des Nichtigen sich am Ende wie die Orks im Turm von Cirith Ungol in Peter Jacksons (*1961) Verfilmung von Tolkiens »Herr der Ringe« selbst vernichten.

---

250   KD II,2, 1.
251   Barth, Das christliche Leben, 453.
252   Siehe Hailer, Gott und die Götzen, 334.

Ich weiß, dass es für viele, die der Bösartigkeit von Terroristen oder Tumoren zum Opfer fallen, ein schwacher Trost ist, dass weder der Selbstmordattentäter noch der Tumor Bestand hat, nachdem er sein Vernichtungswerk verrichtet hat. Und dennoch besteht die Zumutung des christlichen Glaubens darin, sich genau dies gesagt sein zu lassen: dass nämlich das Böse nicht gegen das Gute siegen kann. Im Obersatz zum Paragrafen 50 der »Kirchlichen Dogmatik« findet sich die theologische Grundlegung dafür. Zugleich findet sich dort Karl Barths Beantwortung der Theodizeefrage.

Warum also lässt Gott das Böse zu? – Er lässt es zu – und zwar als gerichtete, verworfene, nichtige Wirklichkeit –, damit sichtbar werden kann, was dem schöpferischen und versöhnenden Willen Gottes widerspricht. »Unter Gottes Verfügung«, so Barth, »ereignet sich auch die Bedrohung und tatsächliche Verderbnis des Weltgeschehens durch das dem Willen des Schöpfers und darum auch der guten Natur seines Geschöpfs feindselig entgegengesetzte Nichtige. Indem er es durch seine in Jesus Christus erschienene und kräftige Barmherzigkeit gerichtet hat, entscheidet er darüber, wo und wie, in welchem Umfange und in welchem dienenden Verhältnis zu seinem Wort und Werk bis zur allgemeinen Offenbarung seiner schon vollbrachten Widerlegung und Erledigung auch es noch immer zur Geltung kommen darf.«[253]

Die herrenlosen Mächte und Gewalten des Nichtigen führen Barth zufolge nichts anderes als Macht und Gewalt im Schilde und bringen – wenn sie erst einmal demaskiert sind – nichts als nackte, menschenverachtende Macht und Gewalt zur Erscheinung. Weil dem so ist, scheint die Gegenmacht gegen diese Mächte, also die Macht des wahren Gottes, nur in einer Überbietung der Macht der besagten Mächte durch deren Intensivierung und Steigerung Gestalt gewinnen zu können. Aber so ist es nicht.

---

253 KD III,3, 327.

Gott richtet die Mächte dieser Welt durch seine »in Jesus Christus erschienene und kräftige Barmherzigkeit«. Und genau diese Barmherzigkeit Christi zwingt uns zum radikalen Andersdenken und Anderssehen der Macht Gottes. Gottes Macht ist Liebe und Erbarmen. Seine Waffe ist die Passion des Evangeliums. Erst in der Passion, im Weg Gottes in die Fremde, zeigt sich die Gottheit Gottes. Und angesichts dieser Passion und dieses Evangeliums wird die Gewalt jener irdischen Mächte, die den Menschen korrumpieren, ramponieren, süchtig machen und in einen Zustand des inneren oder äußeren Unfriedens versetzen, als Gewalt offenbar, die letztlich keine Macht hat. Denn die wahre und wirkliche Macht stärkt uns an Leib und Seele, weil sie uns liebt.

Dies lässt sich an einer mythischen Gestalt Tolkiens illustrieren: an Gandalf, dem weißen und zugleich weisen Zauberer. Vielleicht ist Gandalf ja tatsächlich eine überzeugende Personifizierung des Geistes der Passion und der christlichen Macht- und Gewaltkritik, um die es Karl Barth zu tun ist. Denn Gandalf verkörpert »pity, pity for weakness and the desire of strength to do good«.[254] Von Gandalf heißt es, ihm sei es »[…] forbidden to match […] power with power«. Er sei da »to unite [and] to rekindle hearts in a world that grows chill«[255].

Leider führte Barths Machtkritik in seiner Kommunikation mit theologisch Andersdenkenden nicht immer zur Konsequenz des Verzichts auf das Rechthabenmüssen um jeden Preis. Wenn sich aber Theologie wirklich als Passions- und Kreuzesnachfolge versteht, müsste sie eigentlich damit leben können, nicht das letzte Wort haben und ihre Leserinnen und Leser intellek-

---

254 Siehe Tolkien, The Fellowship of the Ring, 81: »das Erbarmen für die Schwachen und den Wunsch nach Stärke, um Gutes zu tun«. Vgl. dazu auch Ralf Frisch, Was können wir glauben?, 206.
255 Tolkien, The Return of the King, 451f. Es ist ihm »verboten, der Gewalt mit Gewalt zu begegnen.« Er ist gekommen, »um zu vereinen und in einer kalt werdenden Welt die Herzen aufs Neue zu entflammen«.

tuell oder emotional überwältigen zu wollen. Weil sich christliche Theologie grundsätzlich von allen Formen der Macht unterscheidet, deren Wesen in Selbstbehauptung und Schwächung des anderen besteht, können autoritäre Evidenzsicherungsstrategien ihre Sache nicht sein. Wenn also der ganz andere Gott die Macht freier Selbstzurücknahme[256] zugunsten des anderen ist, mit dem er sich verbünden will, dann müsste sich dies auch rhetorisch in der Haltung freier Selbstzurücknahme niederschlagen. Das hieße übrigens nicht, sich vom Traum theologischer Überzeugung anderer zu verabschieden. Aber es würde doch bedeuten, eher im Modus des Wissens-als-wüsste-man-nicht von Gott zu reden, statt mit einem *Deus ex machina* aufzutrumpfen, der auch als Sprachereignis andere vergewaltigt und erniedrigt.

Weil der Gott, der in der Fremde unter die Räuber fällt und gekreuzigt wird, das Gegenbild eines Gottes ist, der so Mensch wird und so in sein Eigentum kommt, dass er selbstherrlich und unangefochten davon Besitz ergreift, muss Theologie ihrerseits eigentlich eher gekreuzigte Theologie werden statt *theologia gloriae*, also triumphale Theologie des siegreichen letzten Wortes sein zu wollen. Wenn sie sich nicht mit jenen theistischen Gottesverständnissen gemein machen will, in denen Gottes Macht als Selbsthervorbringung, Selbststeigerung und Selbstbehauptung Gestalt gewinnt[257], sollte sie zu einer Sprache des Sein-Lassens finden, die Gott in aller Gelassenheit zur Welt und zu den Menschen kommen lässt. Theologie nach Karl Barth wird sich also dann davor hüten, als besserwisserische Anklägerin des modernen Menschen, der gottlosen Kultur, der säkularen Gesellschaft, des menschenvergessenen Kapitalismus oder der pervertierten Religion auf den Plan zu treten. Weil sie weiß, dass all diese Erscheinungsformen des Schemas dieser Welt vergänglich

---

256 Vgl. dazu Michael Welker, Gottes Geist. Theologie des Heiligen Geistes, Neukirchen-Vluyn 1992, 304ff.
257 A. a. O., 262.

sind und nicht das letzte Wort über uns sprechen können, so sehr sie es auch versuchen, kann Theologie nach Barth heiter, getrost und gelöst vom Evangelium reden – so, wie zumindest der späte Barth es ja auch selbst tat. Denn wenn etwas die Mächte dieser Welt richten kann, dann ist es die entwaffnende Macht dieses Evangeliums und nicht die Macht derjenigen Theologie, die sich dem Menschen am erfolgreichsten anbiedert oder ihn mit der größten verfügbaren Autorität in die Knie zwingt.

10. Sein, sonst nichts
Ethik als Evangelium

In jüngster Zeit haben zahlreiche Publikationen die ethische Ausdünnung der Botschaft der evangelischen Kirche beklagt.[258] Offenkundig wächst im Protestantismus die Sensibilität dafür, dass die grassierende Appellitis[259] kein Medikament, sondern das Krankheitsbild einer Kirche darstellt, die ihre gesellschaftliche Akzeptanz durch die Intensivierung und religiöse Überhöhung moralischer Correctness bewahren oder wiedergewinnen will

---

258 Vgl. etwa Alexander Grau, Hypermoral. Die neue Lust an der Empörung, München 2017. Siehe auch Ulrich H. J. Körtner, Für die Vernunft. Wider Moralisierung und Emotionalisierung in Politik und Kirche, Leipzig 2017. Ferner Jörg Lauster, Der ewige Protest. Reformation als Prinzip, München 2017. Ferner Wolfgang Schäuble, Protestantismus und Politik, München 2017, Hans Joas, Kirche als Moralagentur?, München 2016, sowie Ralf Frisch, Was fehlt der evangelischen Kirche? Reformatorische Denkanstöße. Siehe auch Claas Cordemann und Gundolf Holfert, Moral ohne Bekenntnis? Zur Debatte um Kirche als zivilreligiöse Moralagentur, XVII. Konsultation Kirchenleitung und wissenschaftliche Theologie, hg. im Auftrag der VELKD, Leipzig 2017.
259 Den Begriff verdanke ich Martin Scherer (*1966), dem Leiter des Münchner Claudius Verlags.

und durch «Niveauabsenkung Aufmerksamkeit»[260] zu erheischen sucht. Aber »[f]ür Tipps zu *fair-trade*-Waren und Empfehlungen zum *slow food* braucht niemand eine Kirche«[261]. »Dunkle Fragen«, so der Theologe Jörg Lauster (*1966), »tauchen auf. Was würde der Welt eigentlich fehlen, wenn es diese Form von Religion nicht mehr gäbe?«[262] Gerade dort, wo der Protestantismus im Namen der biblischen Ethik einen Unterschied zu machen meint, macht er ja oft gerade keinen Unterschied, sondern fungiert durch Übermoralisierung und Überpolitisierung als Verstärker des öffentlichen Geistes unserer Gesellschaft und ihrer Leitmedien.

Es verwundert von der inneren Logik der Theologie der »Kirchlichen Dogmatik« her nicht, dass Karl Barth die Idee einer Besserung des Menschen und der Welt durch ethisch-moralisches Handeln kategorisch als unchristliche Idee verwirft. Wenn der allgemeine Begriff von Ethik darin besteht, in der Ethik die Frage nach dem Gutwerden des Menschen zu beantworten, dann bestätigt sich in diesem allgemeinen Begriff Barth zufolge, »dass der Mensch eben der *Gnade* Gottes, durch die die Frage nach dem Guten gestellt, aber auch im voraus beantwortet ist, sich entziehen will. Gerade jener allgemeine Begriff von *Ethik* fällt merkwürdigerweise genau mit dem Begriff der *Sünde* zusammen! Wir haben also wahrhaftig Anlass, ihn mit Vorsicht aufzunehmen.«[263] So Barth in Anspielung auf Gen 3,5. Dort sagt bekanntlich die Schlange, die den Menschen in die Freiheit zu führen behauptet: »Ihr werdet sein wie Gott und wissen, was gut und was böse ist.«

Letztlich ereilt also die Ethik bei Barth dasselbe Schicksal wie die Religion. Dietrich Bonhoeffer argumentierte übrigens ähnlich. Er notierte: »Es ist eine Zumutung sondergleichen, die

---

260 Jörg Lauster, Der ewige Protest, 79.
261 A. a. O., 78.
262 A. a. O., 79.
263 KD II,2, 574.

an jeden, der das Problem einer christlichen Ethik auch nur zu Gesicht bekommen will, gestellt werden muss, die Zumutung nämlich, die beiden Fragen, welche ihn überhaupt zur Beschäftigung mit dem ethischen Problem führen: ›wie werde ich gut?‹ und ›wie tue ich etwas Gutes?‹ von vornherein als der Sache unangemessen aufzugeben, und stattdessen die ganz andere, von jenen beiden unendlich verschiedene Frage nach dem Willen Gottes zu stellen. Diese Zumutung ist darum so einschneidend, weil sie eine Entscheidung über die letzte Wirklichkeit und damit eine Glaubensentscheidung voraussetzt. Wo sich das ethische Problem wesentlich in dem Fragen nach dem eigenen Gutsein und nach dem Tun des Guten darstellt, dort ist bereits die Entscheidung für das Ich und die Welt als die letzten Wirklichkeiten gefallen. Alle ethische Besinnung hat dann das Ziel, dass Ich gut bin und dass die Welt (– durch mein Tun –) gut wird. Zeigt es sich aber, dass diese Wirklichkeiten des Ich und der Welt selbst noch eingebettet liegen in eine ganz andere letzte Wirklichkeit, nämlich die Wirklichkeit Gottes, des Schöpfers, Versöhners und Erlösers, dann tritt das ethische Problem sofort unter einen völlig neuen Aspekt. Nicht, dass ich gut werde noch dass der Zustand der Welt durch mich gebessert werde ist dann von letzter Wichtigkeit, sondern dass die Wirklichkeit Gottes sich überall als die letzte Wirklichkeit erweise. Dass also Gott sich als das Gute erweist, auf die Gefahr hin, dass dabei ich und die Welt als nicht gut, sondern als durch und durch böse zu stehen kommen, wird mir dort zum Ursprung des ethischen Bemühens, wo Gott als letzte Wirklichkeit geglaubt wird.«[264]

Barth und Bonhoeffer drehen also den Spieß der Argumentation theologisch einmal mehr um und stellen nicht nur die Theologie und die Religion, sondern auch die Ethik vom Kopf auf die Füße, indem sie den guten Gott zum letztinstanzlichen

---

[264] Dietrich Bonhoeffer, Ethik, DBW Bd. 6, hg. von Eberhard Bethge, Ernst Feil u. a., München, 2. Aufl. 1996, 31f.

Subjekt der Ethik machen. Kant hatte gefordert, dass nur jene biblischen Passagen die Kritik der Aufklärung überleben dürften, in denen sich das Moralgesetz in unverzerrter Gestalt ausspricht. Karl Barth dachte nicht im Traum daran, diese Forderung philosophischer Ethik zu erfüllen, weil ja nicht das Moralgesetz, sondern allein das Evangelium offenbart, was aus der Sicht Gottes gut und Gottes Willen entsprechend genannt zu werden verdient. »›Niemand ist gut, außer Gott allein‹ (Mc 10,18). Aber man verstehe wohl: das ist ein Satz des Evangeliums.«[265] Und weil dem so ist, kann die Ethik des Evangeliums »keine Ordnung des Sollens«[266] sein, deren Verwirklichung der Mensch bewerkstelligen könnte. Das Gute ist in Barths Theologie letztlich weder ein Resultat noch ein Motor ethischen Handelns. Wohl lässt Barth keinen Zweifel daran, dass sich, wenn man die Ethik des Evangeliums ernst nimmt, auch das Problem des menschlichen Gehorsams stellt[267]. Der Gehorsam jedoch, um den es dabei geht, ist nicht einfach der Gehorsam der Gesetzeserfüllung, sondern der Gehorsam der Anerkennung des Faktums, dass wir von Gott grundlos anerkannt sind. Dieses Faktum aber verdankt sich dem Wirken Gottes, nicht dem Wirken des Menschen. »Theologie ist auch als Ethik Erkenntnis und Darstellung des Wortes und Werkes Gottes ganz allein.«[268] Die Frage, wie man »christlich recht vom rechten Handeln des Menschen«[269] reden kann, ist die gleiche Frage wie die, ob und wie sich Gottes Handeln im Menschen reflektieren kann und ob nicht die pure Anerkennung der einzig mögliche und womöglich auch nur von Gott allein geschenkte Reflex der Gnade ist. – Und in der Tat verhält es sich in Barths Ethik ganz genau so: Ethik ist Gnade. Die einzige Verwirklichung

---

265 KD II, 2, 608.
266 A. a. O., 591.
267 A. a. O., 594.
268 A. a. O., 597.
269 Ebd.

des guten christlichen Lebens ist Christus selbst. Er, nicht der ihm nachfolgende Christ, ist das Subjekt des Guten. Das Gute also muss nicht von uns getan werden. Wir sind nicht Christus, auch nicht der Christus unseres Nächsten. Wir müssen weder gut werden noch krampfhaft das Gute tun. Es genügt, wenn wir es von Christus getan sein lassen, der die Erfüllung des Willens Gottes, also das vollkommen verwirklichte Gesetz ist. Es genügt, wenn wir anerkennen, dass er alles in des Wortes mehrfacher Bedeutung »gerichtet«, also verurteilt, verworfen, gut gemacht, aufgerichtet und auf sein göttliches Ziel hin ausgerichtet hat.

Die Summe der Ethik, sofern sie Aufgabe der Gotteslehre[270] und Ausdruck der Gnadenwahl Gottes, also der göttlichen Erwählung des Menschen in Jesus Christus ist, fasst Karl Barth in folgenden Sätzen zusammen: »Man kann es auch so sagen: der Mensch handelt gut, sofern er *christlich* handelt. Christlich heißt: als Einer, der weiß, dass Gott sich seiner in Jesus Christus angenommen, dass in Jesus Christus als dem ewigen Wort Gottes über ihn Beschluss gefasst und dass er durch Jesus Christus als das in der Zeit gesprochene Wort Gottes in den Bund mit ihm gerufen ist. Indem er das weiß, indem er durch dieses sein Gegenüber und Zusammensein mit Jesus Christus von Gott ›gerichtet‹ ist, wird auch sein Handeln ein ›gerichtetes‹ Handeln. In dieser ›Gerichtetheit‹ besteht seine Güte. Also kommt seine Güte aus diesem Gegenüber und Zusammensein. Sein Handeln ist gut, weil das göttliche Reden, das in Jesus Christus ewiges und zeitliches Ereignis ist, gut, weil Gott selbst gut ist. Das ist, in ihrer grundsätzlichsten und einfachsten Fassung, die theologische Antwort auf die ethische Frage. Das ist die Summe und der Inbegriff der theologischen Ethik.«[271] Schon im »Römerbrief« hatte

---

270 So die Überschrift zu § 36 in KD II,2, 564.
271 A. a. O., 607.

Barth festgestellt: »Das Problem der ›Ethik‹ ist identisch mit dem der ›Dogmatik‹: Soli Deo gloria!«[272] Allein Gott die Ehre!

Es ist augenfällig, dass in Barths Ethik dasselbe Muster begegnet wie in Barths Religions- und Theologiekritik. Religion und Theologie sind nur gut, wenn sich Gott ihrer annimmt und sich ihrer erbarmt. Unser menschliches Denken, Glauben und Handeln kann nur gut werden, wenn Gott es gut sein lässt. Aus sich heraus kann es nie und nimmer gut sein, geschweige denn zu Gott finden und uns und die Welt retten.

Näher besehen ringt Barth in der Ethik seiner »Kirchlichen Dogmatik« mit seinem reformierten Erbe. Denn das Seinlassen war – mit Verlaub – die Sache der reformierten Tradition noch nie. Und so muss das Evangelium in Barths Dogmatik die Gestalt des Gesetzes haben und das Gesetz als Gestalt des Evangeliums erscheinen.[273] »Eben die herrschende Gnade ist gebietende Gnade. Eben das Evangelium selbst und als solches hat die Form und Gestalt des Gesetzes. Das eine Wort Gottes ist Evangelium und Gesetz: kein Gesetz für sich und unabhängig vom Evangelium, aber auch kein Evangelium ohne Gesetz. Es ist Evangelium nach seinem Inhalt, Gesetz nach seiner Form und Gestalt. Es ist zuerst Evangelium und dann Gesetz. Es ist das Evangelium, das das Gesetz enthält wie die Bundeslade die Tafeln am Sinai. Aber es ist beides: Evangelium und Gesetz.«[274] Angesichts solcher Sätze scheint kein Weg daran vorbeizuführen, Barth radikal calvinistisch zu interpretieren. Nimmt man ihn an dieser Stelle beim Wort, dann manifestiert sich das Evangelium ausschließlich als Gebot, das christlich Gute zu tun, und dann ist theologische Ethik nichts anderes als die Theorie des *tertius usus legis*, also des Gebotes des neuen Bundes.

---

272 Barth, Der Römerbrief. Zweite Fassung 1922, 454.
273 KD II, 2, 564.
274 A. a. O., 567.

Glücklicherweise kann man Barths Ethik mit Barth gegen Barth lesen – auch, wenn man ihn dafür zuweilen etwas gegen den Strich bürsten muss. Denn in Karl Barths Ethik sind zwei theologische Denklinien zu finden: eine stärker lutherische und eine stärker reformierte. Die eine akzentuiert das Sein-Lassen, die andere das Sich-Geboten-Sein-Lassen. Die eine legt das Gewicht stärker darauf, dass das Gute schon geschehen ist, die andere stärker darauf, dass das Gute sich auch im menschlichen Handeln reflektieren muss. Ich weiß, dass theologisch ausgepichte Leserinnen und Leser an dieser Stelle sofort die Stirn runzeln und mich fragen werden, wie ich das eine gegen das andere ausspielen könne. Es handle sich doch nicht um zwei unterschiedliche Argumentationslinien, sondern um zwei Seiten einer Medaille. Sie könnten mir vor Augen führen, dass ein Beispiel für die Zusammengehörigkeit von Evangelium und Gebot Barths Weiterentwicklung der calvinistischen Ethik zur Ethik der Königsherrschaft Christi sei, die von der Idee zehrt, dass Christus der Stein des ethischen Anstoßes ist. Einmal ins Wasser der Christenheit geworfen zieht dieser Stein deutlich und öffentlich sichtbare Kreise in Kirche und Welt.[275] Ein anderes Beispiel für die Kongruenz von Gebot und Evangelium, so könnten sie sagen, sei Barths Kritik an Martin Luthers Konzept der Zwei-Regimente-Lehre[276], wonach Gott die Seelen durch das Evangelium der Rechtfertigung des Gottlosen allein aus Gnade zu sich umkehrt, in der äußeren Welt unter Nichtchristen und um der Erhaltung der öffentlichen Ordnung und des gesellschaftlichen Friedens willen aber durch Recht und Gesetz sowie polizeiliche und militärische Gewalt

---

275 Siehe dazu Barths Vortrag »Evangelium und Gesetz« aus dem Jahr 1935 und seinen Text »Christengemeinde und Bürgergemeinde« aus dem Jahr 1946. Beide sind publiziert in: Karl Barth, Rechtfertigung und Recht. Christengemeinde und Bürgergemeinde. Evangelium und Gesetz, Zürich 1998.
276 Martin Luther, Von weltlicher Obrigkeit, wie weit man ihr Gehorsam schuldig sei, WA 11, 246–280.

regiert, während wahre Christen keinerlei Gesetze und keinerlei äußeren Zwang benötigen, da sie aus Liebe einander dienen. Weil Barth diese Idee der unterschiedlichen Regierweisen Gottes zutiefst fremd geblieben sei, könne man also nicht so tun, als habe Barth nicht die Forderung erhoben, dass das Evangelium sich ethisch materialisieren müsse.

Und dennoch: All diesen Einwänden zum Trotz glaube ich, dass Barth klug genug war, sich über die letzte ethische Konsequenz seiner Lehre von Gottes Gnadenwahl im Klaren zu sein. Denn eigentlich zwingt der kritische Realismus[277] einer Theologie der Rechtfertigung des Sünders allein aus Gnade dazu, nicht zu große Hoffnungen auf den ethischen Gestaltungswillen und die ethischen Gestaltungsfähigkeiten des Menschen zu setzen. Karl Barth betonte wie gesehen unermüdlich, dass ethische Gestaltung niemals als Projekt der moralischen Selbstvervollkommnung des Menschen begriffen werden, sondern nur als Gestaltgewinnen der Barmherzigkeit des menschgewordenen Gottes[278] in Kirche und Welt zur Sprache und zur Welt kommen kann. Der Mensch Gottes lebt allein aus Gnade. »Die Gnade Gottes« aber »protestiert gegen alle vom Menschen aufgerichtete Ethik als solche.«[279] Sie stellt geradezu einen Angriff[280] auf die Ethik und auf das sichere Vertrauen des Menschen dar, »in der Folge und Verlängerung des Sündenfalls«[281] an Gottes Gebot vorbei verwirklichen zu wollen, was für ihn und seine Welt gut ist. Menschliches Handeln kann Barth zufolge nur gut sein, sofern es »Bestimmtheit durch

---

277 Siehe dazu Bruce McCormack, Theologische Dialektik und kritischer Realismus. Entstehung und Entwicklung von Karl Barths Theologie 1909-1936, Zürich 2006.
278 Siehe Dietrich Bonhoeffers Aufsatz »Ethik als Gestaltung«, in: ders, Ethik, 68-94.
279 KD II,2, 573.
280 A. a. O., 577.
281 A. a. O., 573.

das göttliche Gebieten«[282] ist. Allerdings zeichnet es den Menschen der Sünde gerade aus, dass er sich von Gott nichts bieten, geschweige denn gebieten lassen, sondern ohne Gott autonom sein will. Ich fürchte also, der Appell an den Gehorsam des Menschen, auf den Barth im Zusammenhang seiner Ethik immer wieder rekurriert[283], stellt eine vergebliche Liebesmüh dar. Und diese Liebesmüh wird auch dadurch, dass Barth dem Menschen nur die Wahl des Gehorsams lassen will und daher darauf insistiert, »dass uns jede andere Wahl als die des Gehorsams abgeschnitten wird«[284], nicht weniger vergeblich.

Der Anspruch des Evangeliums, so Barth, besteht darin, »*dass das Tun des Menschen das Tun eines solchen werde, sei und bleibe, der sich das Tun Gottes recht sein lässt.*«[285] Mit anderen Worten: »[E]ben darum geht es in Gottes Gebot, dass wir uns unsere schon geschehene Heiligung von Herzen recht sein und gefallen lassen.«[286] Aber ist selbst das vom Menschen der Sünde nicht schon zu viel verlangt? War Karl Barth, der den Ungehorsam des Menschen als Wurzel allen Übels diagnostizierte, das allein durch Gott selbst aus der Welt geschafft werden kann, wirklich so naiv, vom Menschen zu erwarten, dass er dem Anspruch des Evangeliums Gottes gehorsam entspricht? Und wird Barth sich nicht selbst untreu, wenn er ernsthaft damit rechnet, dass der Mensch sich dankbar gefallen lässt, was wirklich gut für ihn ist? Ist also die Ethik der Anerkennung des Guten aus Barths theologischer Perspektive nicht genau so utopisch wie die Ethik des Tuns des Guten?

Auch Dietrich Bonhoeffer bemühte sich im Einklang mit den theologischen Grundüberzeugungen Karl Barths übrigens

---

282 A. a. O., 608.
283 Siehe insbesondere KD II,2, 594f.
284 A. a. O., 873.
285 A. a. O., 638.
286 A. a. O., 873.

darum, ethische Gestaltung nicht im Sinne eines aktiven menschlichen Tuns, sondern im Sinne eines passiven Gestaltetwerdens des Menschen durch Gott zu verstehen. Ein reines Passiv kann dieses Passiv freilich nicht sein, da der Mensch ja doch zumindest als einer in Aktion tritt, der sich ins Kraftfeld der Gnade Christi hineinziehen lässt und ihr in der Welt Raum gibt. Lassen ist keine reine Passivität. Und wenn die Rechtfertigung des Sünders sich jenseits des Wortes von der Rechtfertigung anthropologisch manifestieren soll, muss der Mensch als irgendwie aktiv daran beteiligt gedacht werden. Theologie, die dies zu vermeiden sucht, kann also letztlich nicht umhin, das Evangelium der reinen Gnade auf die reine, empirisch nichts verändernde Zusage dieser Gnade zu reduzieren. Ich werde das an anderer Stelle noch vertiefen.

»Gleichgestaltet mit dem Menschgewordenen sein«, so Bonhoeffer, »bedeutet der Mensch sein zu dürfen, der man in Wirklichkeit ist.«[287] Der Mensch »soll und darf Mensch sein. Alles Übermenschentum, alles Bemühen [,] über den Menschen in sich hinauszuwachsen, alles Heldentum, alles halbgöttliche Wesen fällt für den Menschen ab; denn es ist unwahr.«[288] Gerade der Gekreuzigte zeigt uns ja, dass es nicht darum gehen kann, uns von einem idealen Menschenbild vergewaltigen zu lassen.[289] Wenn der geschundene Christus der wahre Mensch ist[290], dann verfehlen wir uns selbst, wenn wir unsere Ethik am Idealbild einer heroischen Selbst- und Weltvervollkommnung orientieren – und zwar nicht nur aus rechtfertigungstheologischen Gründen, sondern weil Gott Mensch wurde: »Es heißt ja nicht: Gott wurde eine

---

287 A. a. O., 86.
288 Ebd.
289 Ebd.
290 Siehe dazu Joh 19,5.

Idee, ein Prinzip, ein Programm, eine Allgemeingültigkeit, ein Gesetz, sondern Gott wurde Mensch.«[291]

Die Aktualität von Bonhoeffers und Barths Transformation der Ethik in eine Gestalt des menschlichen Lassens und Empfangens, also der menschlichen Selbstzurücknahme zugunsten des Evangeliums, liegt auf der Hand – und zwar gerade deshalb, weil diese Ethik dem Selbstverständnis der Moderne so sehr zuwiderläuft. Denn was läge dem umtriebigen Menschen der Neuzeit ferner, als das Gute in der Welt auf dem Weg des Selbstrückzugs Raum und Gestalt gewinnen zu lassen? Was läge ihm ferner, als Gott in der Welt Raum und Gestalt zu geben – und sei es dadurch, dass der Mensch das Geschehensein des Guten schlicht anerkennt, ohne Gott mystisch zur Welt bringen zu wollen? Und was läge ihm näher, als Ethik in eine Gestalt jenes Handelns umzuinterpretieren, das die unvollkommene und vom Menschen zusätzlich ruinierte Schöpfung eigenmächtig oder im Auftrag Gottes zu retten sucht?

Ich plädiere demgegenüber im Sinne Barths und Bonhoeffers für eine Ethik, die die Gestaltung der Welt durch Gott und nicht die Gestaltung der Welt durch den Menschen ins Zentrum der Aufmerksamkeit rückt. Sie kann gegenwärtig eigentlich nur als Ethik der Verschonung Gestalt gewinnen. Natürlich ist auch die Verschonung der Welt eine Form der Gestaltung, und man könnte natürlich auch sie als Gestalt der Selbsterlösung des Menschen diskreditieren. Ungeachtet dessen will es mir scheinen, dass das Lassen für eine Kirche, die aus Gnade lebt, sachgemäßer ist als das Machen, das den Menschen und die Welt unter permanenten Reformstress setzt[292]. In diesem Sinne könnte man den Versuch unternehmen, die Ethik Karl Barths und Dietrich Bonhoeffers nicht als Ethik des Gehorsams, sondern beispiels-

---

291 Bonhoeffer, Ethik als Gestaltung, 90.
292 Vgl. hierzu Isolde Karle, Kirche im Reformstress, Gütersloh, 2. Aufl. 2010.

weise als Ethik des Sabbats oder als Ethik des Wartens durchzubuchstabieren. Diese Ethik trüge der Forderung Bonhoeffers Rechnung, dass es »Menschen geben [muss], die beten und das Gerechte tun und auf Gottes Zeit warten«[293], ohne deren Reife durch welchen ethischen, religiösen oder politischen Aktionismus auch immer herbeizwingen zu wollen. Das Sprichwort weiß, dass das Gras nicht schneller wächst wird, wenn man unablässig daran zupft. Eine solche Ethik des gelassenen Lassens und des gelassenen Wartens auf Gott träfe den Nerv einer Gesellschaft, die noch immer und stärker denn je der Ideologie der Leistung und des Wachstums huldigt, aber gleichzeitig längst eingesehen hat, dass es um des Menschen, um der Erde und um Gottes willen eigentlich nicht so weitergehen kann.

Gott selbst huldigt übrigens Barth zufolge dieser Ideologie des unentwegten Schaffens nicht. Denn die Ruhe des siebenten Schöpfungstages offenbart Gott geradezu als das Gegenbild der rastlosen und lieblosen Umtriebigkeit, in der der unermüdlich rackernde, alles unentwegt umwälzende und ständig sich und andere überholende Mensch der Moderne gefangen ist. Gott aber ist nicht gefangen, sondern frei. »Die eine Auszeichnung Gottes«, so Barth, »die in dieser seiner Ruhe am siebenten Tage sichtbar wird, ist diese, dass sie seine *Freiheit* offenbart. Ein Weltprinzip ohne solche Grenze seiner Schöpfertätigkeit wäre im Unterschied zu Gott nicht frei, sondern gebunden an die unendliche Bewegung seiner eigenen Entwicklungen und Entfaltungen [...]. Die andere Auszeichnung Gottes, die in dieser Ruhe des siebenten Tages sichtbar wird, besteht darin, dass sie seine *Liebe* offenbart. Ein Weltprinzip ohne solche Grenze seiner Schöpfertätigkeit wäre im Unterschied zu Gott ein liebloses Wesen: nirgends Halt

---

293 Bonhoeffer, Widerstand und Ergebung, 158. Den Hinweis auf das Warten auf Gottes Zeit in Bonhoeffers »Gedanken zum Tauftag« des Sohnes seines Freundes Eberhard Bethge (1909–2000) verdanke ich Magdalene L. Frettlöh.

machend, bei keinem Geschöpf verweilend, an keinem sich genügen lassend, in unendlicher Folge immer wieder andere Wesen aus sich setzend. Es würde, scheinbar ein Ozean von Liebe, in Wirklichkeit gar nicht lieben, sondern an allen möglichen Gegenständen seiner Liebe vorbei, grundsätzlich seinem eigenen Schatten nachzujagen bestimmt sein.«[294]

Die Idee der Schöpfungsruhe Gottes, dem es die Menschen am Sabbat gleichtun sollen, ist nicht zuletzt auch eine soteriologische Idee, weil der Sabbatblick, der sich Zeit nimmt, wirklich auf den Dingen zu ruhen, den Menschen frei macht, sich, die anderen, die Welt und Gott anders zu sehen. Dieses Anderssehen könnte die Welt als sehr gute Schöpfung offenbaren, die trotz allen Übels und trotz aller Unzulänglichkeiten bestaunt und geliebt werden kann.

Bereits bei den vorexilischen Propheten des Alten Testaments hatte sich allerdings die Tendenz gezeigt, keinen Grund zum Staunen mehr in der vorfindlichen Wirklichkeit zu entdecken. Dass die Welt als heilige Welt verehrt und der Kultus anstelle des Ethos trat, war schon für den Propheten Amos Grund genug, die kultischen Rituale aus einer konsequent ethischen Perspektive als Ideologien zu diskreditieren und unter dem Heiligen nur noch das Üben von Gerechtigkeit, also das sozialethisch Gute zu verstehen.[295] Durch die Ethisierung des Heiligen wurde aber das Geschenk der Thora und mit ihm der Glaube und die Welt selbst zum Projekt, also zur potenziellen Um- und Neuschöpfung des Menschen, der sich die Aufgabe anmaßt, die Welt zu retten. Aus prophetischer Sicht ist die Welt, die den Gerechtigkeitswillen Gottes nicht verwirklicht, nämlich keineswegs sehr gut, sondern höchst defizitär, sündig und gottwidrig. Und so wird der prophetische Querdenker immer mehr zum kritischen und mitunter selbstgerechten moralinsauren Wächter über den

---

294 KD III,1, 243.
295 Siehe Am 5,21–27.

Sozialraum. Die Kirche unserer Zeit beruft sich gerne auf diese Form von Prophetie, wenn sie ihren eigenen Auftrag als prophetisches Wächteramt interpretiert. Ob man über Chancengerechtigkeit oder über ethisch korrekte Mülltrennung wacht, spielt dabei keine Rolle – Hauptsache, man kann sich als prophetischer Wächter und als Held der Arbeit für das Gute stilisieren. Jörg Lauster hat über diesen Gestus seinen Spott ausgegossen. »Ein Wächteramt«, so Lauster, »nehmen in der Regel nur iranische Ayatollahs in Anspruch.« Gegenwärtig äußert sich das Wächteramt aber auch in der Kirche: »als ein vollständig überpolitisiertes, in steter Betroffenheit moralisierendes und darum anstrengendes Christentum«[296].

Die prophetische Wahrnehmung, dass der Mensch die Welt dadurch ruiniert, dass er zum Feind seines Mitmenschen wird und gesellschaftliche Asymmetrien die gute Ordnung der Schöpfung und des Evangeliums aus dem Gleichgewicht geraten lassen, findet Eingang auch in die Verkündigung Jesu – glücklicherweise nicht so, dass sie die Freude des Nazareners an der Welt, an den Menschen und an Gott trüben würde.

Und dennoch wurde das Evangelium Jesu von Anfang an gnostisierend und moralisierend verformt. Es zeigt sich, was ich schon an anderer Stelle zu verdeutlichen versucht habe: dass dem Christentum nicht nur der Hang zur Weltbejahung und zum Schöpfungsdank, sondern immer schon der Hang zur Verneinung und Vermiesung des sogenannten Bestehenden eingeschrieben war. Die Moral scheint der Religion in den Genen zu liegen. Nicht, dass moralische Imperative nicht biblisch oder christlich wären. Außerdem sind sie manchmal höchst notwendig – etwa, wenn es darum geht, den Menschen daran zu erinnern, dass er die ihm anvertraute Schöpfung und damit auch sich selbst zu zerstören im Begriff ist. Bedenklich und unchristlich ist nur, dass sie, zumal in dogmen- und metaphysikkritischeren Zei-

---

296 Lauster, Der ewige Protest, 77.

ten, in und außerhalb der Kirche zum einzig Wahren zu werden drohen. Umso erfreulicher ist es daher, dass Barths Religions- und Theologiekritik nicht nur eine machtkritische, sondern auch eine moralkritische Spitze hat.

Es ist übrigens nur konsequent, dass auch Gott irgendwann dieser moralischen Weltanklage zum Opfer fällt, die sich zumal in der Zeit der Aufklärung als Theodizee des nicht mehr zu rechtfertigenden Gottes entfaltet. Das spielt der Ethisierung der Religion vollends in die Hände. Denn am Ende bleibt der Mensch, der die Welt retten zu sollen meint, ohne Gott auf sich und sein weltveränderndes Handeln allein gestellt. Die Moderne rechnet nurmehr mit einem handlungsfähigen menschlichen Subjekt, nicht mehr dagegen mit der Subjektivität Gottes, der allenfalls als Prädikat des menschlichen Handelns überlebt. Damit aber wird auch der moralische, nicht nur der religiöse Mensch zu einem absoluten, sich selbst überhebenden Wesen.

Wer sich dagegen im Osterlicht der Gnade sonnt, muss weder in der Arbeitszeit noch in der sogenannten Freizeit der Ideologie des intensiven Lebens und der vollkommenen Ausschöpfung der Lebensressourcen frönen und sich auch nicht einzig und allein an seiner Funktionalität für wen oder was auch immer messen. Er kann sich nicht nur am Sabbat die Freiheit nehmen, zu nichts nütze sein zu müssen. Jener Nichtsnutz, der sich dem Seinlassen und Seindürfen aussetzt und wie die Vögel unter dem Himmel weder sät noch erntet, ist womöglich näher am Reich Gottes als jener, der seine Identität oder gar das ewige Leben mit zusammengebissenen Zähnen in den Tretmühlen der Arbeit und der Freizeit zu finden sucht und dem Tod durch eine gesundheitsfetischistische Lebenskunst mehr Lebenszeit abzutrotzen sucht. – Und machen wir uns nichts vor[297]: »Ein gewaltiger Asket kann ein Gefäß viel größerer Bosheit sein als der schlimmste Genussmensch. Wir werden es ja nicht gut wieder

---

[297] KD III,4, 395 unter der Überschrift »Freiheit zum Leben«.

vergessen können, dass man Vegetarier sein und doch – Adolf Hitler heißen konnte.«

Dass Gottes Barmherzigkeit und nicht die Mächte und Gewalten der Natur und der Kultur die Welt im Innersten zusammenhalten, die trotz allem sehr gut ist und nicht von uns allein gut gemacht werden muss, könnte im Mittelpunkt einer christlichen Kunst des Seinlassens im Anschluss an Karl Barth stehen. Diese Evangeliumskunst hätte nicht nur eine spirituelle, sondern auch eine erkenntnistheoretische Dimension und nicht zuletzt deshalb eine soteriologische Dimension, weil wir vielleicht nur zu retten sind, wenn wir hin und wieder auf Abstand zu uns selbst und zu unseren Selbstverstrickungen und Machenschaften gehen und uns aus jener heilsamen Distanz wahrnehmen, aus der uns auch Gott wahrnimmt, wenn er uns liebt, erhält und sein lässt – trotz allem, was wir moralisch, politisch, pädagogisch oder anthropotechnologisch aus uns und der Welt machen oder nicht machen.

Nimmt man Karl Barth ganz ernst – vielleicht ernster, als er sich selbst zuweilen nahm –, dann bleibt dem Menschen vor Gott nichts anderes übrig, als in seinen menschlichen Grenzen und Möglichkeiten guter Dinge Mensch zu sein und sich daran genügen zu lassen, dass das eigentliche revolutionäre Drama längst geschehen ist. Es hat sich am eigenen Leib Gottes abgespielt. Zumal für Christenmenschen gibt es also nichts zu dramatisieren – auch nicht in ethischer Hinsicht. Für sie bleibt nur zweierlei zu tun: unter dem Himmel des ganz anderen Gottes der Liebe ihrer Wege als Menschen zu gehen, Gott Gott sein und ihn sein Reich verwirklichen zu lassen.

In seiner Bonner Vorlesung des Jahres 1947 über das Glaubensbekenntnis betrachtete Barth die ethischen Revolutionen, Reformationen und Reformen des Menschen im Licht des Gottesreiches. Er kontrastierte dabei die Hoffnung auf den gekommenen und den kommenden Gott dem menschlichen Aktivismus, warnte aber auch davor, in der Passivität den Königsweg zum Heil zu vermuten. Die »christliche Hoffnung, die das

Revolutionärste ist, was man sich denken kann und neben der alle anderen Revolutionen nur Platz-Patrönchen sind, ist eine *disziplinierte Hoffnung*. Sie weist den Menschen in seine Schranken: du *darfst* jetzt da aushalten. Das Reich Gottes *kommt*, so musst du nicht den Flug nach dem Reiche Gottes antreten! Stell dich an deinen Ort«[298]. »Du kannst«, so Barth, »revolutionär sein, kannst aber auch konservativ sein. Wo dieser Kontrast von Revolutionärem und Konservativem im Menschen vereinigt ist, wo er ganz unruhig und auch wieder ganz ruhig zugleich sein darf, wo er mit den anderen so in der Gemeinde sein darf, in der sich die Glieder wiedererkennen in der Sehnsucht und in der Demut im Lichte des göttlichen Humors, wird er tun, was er zu tun hat. In diesem Licht ist alles unser kirchliches Tun erlaubt und sogar *geboten*. So geht die Kirche wartend und eilend der Zukunft des Herrn entgegen.«[299]

Weil diese Zukunft nicht von uns geschaffen werden kann und weil alles, was wir tun und lassen, dem Reich Gottes gleich fern und gleich nahe ist, heißt das freilich auch, dass beide Formen des menschlichen In-der-Welt-Seins ihre Berechtigung haben: Aktivität und Passivität. Beide dürfen sein. Denn angesichts der Hoffnung auf das Reich Gottes werden die innerweltlichen Differenzen zwischen Passivität, Aktivität, konservativem und progressivem Geist, Umtriebigkeit und Gelassenheit, Nichtstun und Schuften, aber auch zwischen Gehorsam und Ungehorsam letztlich hinfällig.

---

298 Karl Barth, Dogmatik im Grundriss, 173.
299 Ebd.

11. Kirche und Theologie nach ihrem Ende
Die Zukunft des Evangeliums

Karl Barths Theologie versteht sich als Funktion der Kirche. Seine Dogmatik ist, wie ihr Name unmissverständlich sagt, kirchliche Dogmatik. Und wenn Menschen kirchliche Dogmatik treiben, prüfen sie als Menschen innerhalb des Raums der Kirche, ob diese Kirche in ihrer Verkündigung und in ihrer Gestalt ihrem Wesen, also dem Evangelium Jesu Christi entspricht. Barth will keinen Zweifel daran aufkommen lassen, dass die Kirche keine übermenschliche Größe ist, die als Heilsmittlerinstanz zwischen Gott und die Menschen tritt. Die Kirche ist vielmehr im Sinne des siebenten Artikels der Confessio Augustana aus dem Jahr 1530 eine Versammlung von Menschen, in der das Evangelium kommuniziert wird. Daher nennt Barth die Kirche lieber »Gemeinde«. »Es wäre«, so Barth, »viel gewonnen, wenn das dringende Anliegen Luthers sich durchgesetzt hätte und an die Stelle des Wortes Kirche das Wort *Gemeinde* getreten wäre.«[300] Wenn man sich die dreizehn Teilbände der »Kirchlichen Dogmatik«, insbesondere die Teilbände der Versöhnungslehre vor Augen führt, kann man nicht gut bezweifeln, dass Barth dieser Gemeinde erhebli-

---

300 Barth, Dogmatik im Grundriss, 165.

che Aufmerksamkeit widmet. Sie, die Gemeinde, wird von Barth als »vorläufige Darstellung der ganzen in […] [Jesus Christus] gerechtfertigten Menschenwelt«[301] bezeichnet. Ja noch mehr: Sie ist die »irdisch-geschichtliche […] Existenzform«[302] Jesu Christi selbst. Und sie ist der Ort, an den der Heilige Geist einen sündigen Menschen versetzt, »ihm also die Freiheit gibt, der Liebe, in der Gott ihn in Überwindung seiner Trägheit und seines Elends zu sich gezogen und aufgerichtet hat, in tätiger Hingabe an ihn und an den Mitmenschen als Gottes Zeuge zu entsprechen«[303]. In der Gemeinde bezeugt der Mensch in der Welt, was es mit Gott und dieser Welt auf sich hat. Und dass er in die Lage versetzt wird, dies zu bezeugen, ist seine Heiligung. Zu einem Geheiligten oder gar Heiligen kann der Mensch aber nicht aus irgendeiner persönlichen Fähigkeit oder aus irgendeinem persönlichen Charisma heraus werden, sondern nur, indem Gott selbst ihn heiligt – und zwar aus freier Gnade. Wenn es Gottes Geist gefällt, dann kann er den Menschen zu einem Menschen machen, der als Mensch der Gemeinde gewissermaßen zum öffentlichen Menschen Gottes wird. Heiligung heißt nach Barth also nicht, dass sich die Kirche selbst zu einer Wirklichkeit verselbstständigen könnte, die aus eigener Kraft ohne das Wirken des Heiligen Geistes heil und vollkommen wäre. Sie kann es schon deshalb nicht sein, weil sie ein *corpus permixtum* ist, also eine durchwachsene Angelegenheit von mehr oder weniger eindrucksvollen sündigen Menschen. Außerdem weht der Geist Gottes, wo er will. »Er gerät also nicht in die Macht des Christen, und er macht sich ihm nicht überflüssig, indem er ihn als einen freien Mann auf seine eigenen Füße stellt. Der Christ ist und bleibt vielmehr darauf angewiesen, dass der freie Gott ihn in seinem Dienst, in seinem Leben aus Ihm und so in seinem Leben in Hoffnung, zu dem er ihn erweckt, fort

---

301   KD IV,1, 718.
302   KD IV,2, 695. Siehe ebenso Bd. IV,3/2, Zürich 1959, 780.
303   KD IV,2, 825.

und fort *erhalte*, immer *neu* dazu erwecke.«[304] Ohne diese immer neue Erhaltung, Erweckung, Belebung und Heiligung durch den unverfügbaren Heiligen Geist ist und bleibt der einzelne Christ ein kraftloses, totes Gebilde – wie auch die Kirche ohne den Heiligen Geist letztlich ein totes Gebilde bleibt – auch, wenn von ihr selbst durch hyperaktive Erzeugung von Aufmerksamkeit immer wieder der Eindruck erweckt werden soll, sie sei der Inbegriff von Vitalität. Eine gottesmächtige und gottesfähige Wirklichkeit wird die Kirche aber nur durch Gott selbst. Er allein kann sie beleben, wenn er es denn will. Es verbietet sich also Barth zufolge, an das irdische Gebilde der Kirche an sich zu glauben. »Wehe, wo man von Kirche meint reden zu können, ohne sie ganz und gar auf das Werk des Heiligen Geistes zu begründen. *Credo in spiritum sanctum*, aber nicht *credo in ecclesiam*: Ich glaube an den Heiligen Geist, aber nicht an die Kirche! Vielmehr glaube ich daraufhin, dass ich an den Heiligen Geist glaube, auch die Existenz der Kirche, der Gemeinde […]. Die christliche Gemeinde entsteht und besteht weder von Natur noch durch geschichtliche Entscheidung von Menschen, sondern als göttliche *convocatio*.«[305]

Im letzten von ihm verfassten theologischen Text hat Karl Barth im Jahr 1968 angedeutet, welchen Weg der fünfte Band der »Kirchlichen Dogmatik« und dessen zu erwartende Teilbände hätten nehmen können, wäre Barth noch eine nächste Variierung des Themas seiner Theologie vergönnt gewesen. Seiner eigenen Auskunft zufolge hätte Barth seine Theologie als »Theologie des 3. Artikels«[306], also als Theologie des Heiligen Geistes entfaltet. In diesen Worten deutet sich eine späte Versöhnung mit Friedrich Schleiermachers Theologie der individuellen und kollektiven christlichen Subjektivität an. Denn Individuum und Gemeinde sind als Wirkungsorte des Heiligen Geistes Gottes

---

304   KD IV,3/2, 1082.
305   Barth, Dogmatik im Grundriss, 166.
306   Barth, Nachwort zur Schleiermacher-Auswahl, 311f.

essenziell auch für die Theologie Karl Barths. Diese Theologie ist öffentliche Theologie insofern, als es Orte braucht, an denen die Wahrheit Gottes zur Sprache kommt und an denen die große Erzählung der Heiligen Schrift im Sinne der großen theologischen Metaerzählung Karl Barths erzählt wird. Im Paragrafen 72 seiner »Kirchlichen Dogmatik« bringt Karl Barth dies wie folgt auf den Punkt: »Der Heilige Geist ist die erleuchtende Macht des lebendigen Herrn Jesus Christus, in der er sich zu der von ihm berufenen Gemeinde als zu seinem Leib, d. h. als zu seiner eigenen irdisch-geschichtlichen Existenzform damit bekennt, dass er ihr den Dienst an seinem prophetischen Wort und damit die vorläufige Darstellung der in ihm ergangenen Berufung der ganzen Menschenwelt, ja aller Kreaturen anvertraut. Er tut das, indem er sie als sein Volk unter die Völker sendet: dazu eingesetzt, ihn ihrerseits vor allen Menschen zu bekennen, sie alle zu ihm zu rufen und so der ganzen Welt bekannt zu geben, dass der in ihm geschlossene Bund zwischen Gott und Mensch der erste und letzte Sinn ihrer Geschichte und dass dessen künftige Offenbarung ihre große, jetzt und hier schon wirksame und lebendige Hoffnung ist.«[307]

Wer könnte also auf die Idee kommen, den Namen Karl Barth mit dem Ende von Kirche und Theologie in Verbindung zu bringen? Wer könnte ernsthaft behaupten wollen, dass Karl Barths Theologie das Ende von Theologie und Kirche eingeläutet hat? – Ich stelle eine Gegenfrage. Wäre es nicht denkbar, dass es dem Heiligen Geist gefällt, sich so zu entziehen, dass es keine Kirche mehr oder zumindest nur noch wenige Menschen gibt, die als Herausgerufene auf einsamem Posten jene Wahrheit verkünden, die Barths Dogmatik in dreizehn Bänden umspielt? Wäre es nicht denkbar, dass die Flaschenpost der »Kirchlichen Dogmatik« und die Heilige Schrift der Bibel eines Tages die einzig verbliebenen Erinnerungen an Gott und an seinen Bund mit dem Menschen

---

307 KD IV,3/2, 780.

in einer geistlosen und gottlosen Welt sind? – Zweifellos wäre dies denkbar, wenn es auch nicht sehr wahrscheinlich sein dürfte. Und es ist geradezu die Konsequenz konsequenter *analogia fidei*, dass es nicht nur denkbar ist, sondern auch keine Katastrophe wäre. Barth hätte die Vorstellung vermutlich sogar gefallen, dass eines Tages nur noch die Bibel und seine Dogmatik von der Theologie übrig sein könnten. – Wenn die Sprache des Menschen nur dadurch gleichnisfähig für Gott wird, dass der Heilige Geist in diesem Menschen Glauben schafft, und wenn der Mensch nur durch einen Akt des Heiligen Geistes die Wahrheit Gottes reflektieren kann, dann ist auch die Situation vorstellbar, dass sich der freie und liebende Gott die Freiheit des Selbstentzugs nimmt und – weil von seiner Seite aus alles gesagt ist – fortan keine Menschen mehr zu Zeugen des Evangeliums erweckt.

Ob eine verschwindende Minderheit oder eine überwältigende Mehrheit Christus verkündigt, fällt in Sachen Wahrheit Barth zufolge nicht im Geringsten ins Gewicht – zumal deshalb nicht, weil Mt 18,20 zufolge Christus auch dort ist, wo nur zwei oder drei in seinem Namen versammelt sind. Und vielleicht ist er ja auch dort, wo nur noch einem einzigen und am Ende keinem einzigen Menschen mehr aus der Bibel oder aus Karl Barths Dogmatik vorgelesen wird. Mehrheitsverhältnisse oder Minderheitsverhältnisse entscheiden also nicht darüber, ob die Wahrheit die Wahrheit ist – und sie entscheiden auch nicht darüber, ob die christliche Hoffnung begründet oder unbegründet ist. Wenn die überwältigende Mehrheit der Erdbevölkerung die christlichen Kirchen so füllen würde, dass sie aus allen Nähten platzen, wäre dies kein größerer Grund zur Hoffnung und kein stärkeres Argument für die Wahrheit des christlichen Glaubens, als wenn das Gegenteil der Fall wäre und nur eine zu vernachlässigende Minorität das Fähnchen des Christentums hochhielte. Karl Barth reflektiert dies im Paragrafen 73 seiner Dogmatik, der vom Heiligen Geist und der christlichen Hoffnung handelt, illusionslos und doch voll heiterer Hoffnung auf die siegreiche

Durchsetzung Jesu Christi: »Was ist und was bedeutet seine Hoffnung für den Christen, der sich, da Jesus Christus sein universales, Allen vernehmbares, abschließendes Wort noch nicht gesprochen hat, als sein Zeuge der übrigen Menschheit gegenüber in jene verschwindende – muss man nicht sagen: hoffnungslose? – *Minderheit* versetzt findet? Sollte die große konstantinische Illusion heute wirklich in Auflösung begriffen sein, so wird die Frage in steigendem Maß bedrängender werden – einsichtige Christen waren aber von jeher und so auch im Bereich jener Illusion von ihr bedrängt: Was sollen und wollen denn die paar christlichen Leutlein, was soll und will denn das Häuflein der christlichen Gemeinde da und dort mit seinem Zeugnis von Jesus Christus? Was gedenken, was erwarten diese Menschen damit auf dem großen Jahrmarkt, dem großen Schlachtfeld, in dem großen Gefängnis und Irrenhaus, als das sich das Menschheitsleben immer wieder darstellt, auszurichten? ›Wer hat dem geglaubt, was uns verkündet wurde, und der Arm des Herrn, wem ward er offenbar?‹ (Jes 53,1)«[308]

Weil Christus für alle Menschen auferstanden ist und alle Menschen, vorchristliche, nachchristliche, postchristliche und nichtchristliche, zu erreichen wissen wird[309], muss die christliche Gemeinde auch als verschwindende Minderheit die Ohren nicht hängen und die Hoffnung nicht sinken lassen. Jeder einzelne Christ dieses »Häufleins« wird also »als Zeuge Jesu Christi, ohne nach Minorität und Majorität, nach seinem Erfolg oder Misserfolg, ohne nach irgendwelchen wahrscheinlichen, vielmehr unwahrscheinlichen Fortschritten des Christentums in der Welt zu fragen, das tun – mehr als das ist nicht von ihm verlangt, das aber ist von ihm verlangt –, was er in seiner Zeit, an seinem Ort, in seinem Umkreis für das Lautwerden des Evangeliums tun kann: das in großer Demut und in großem Humor, das aber auch

---

308 A. a. O., 1054.
309 Ebd.

in der der großen Gewissheit seiner Hoffnung auf Jesus Christus entsprechenden *Entschlossenheit*.«[310]

Das Evangelium könnte aber ja im Sinne meines soeben imaginierten Zukunftsszenarios auch dann die Wahrheit sein, wenn die Stimme dieser Entschlossenheit irgendwann nur noch in irgendwelchen papiernen oder digitalen Archiven einer christentumslosen Welt aus der Bibel und aus der »Kirchlichen Dogmatik« zu vernehmen oder eben nicht mehr zu vernehmen wäre. Zugespitzt gesagt: Die Wahrheit gilt auch dann, wenn sie niemandem mehr etwas bedeutet, wenn niemand mehr auf sie hofft und niemand mehr sie bezeugt. Als Galileo Galilei (1564–1641) am Ende des von der päpstlichen Inquisition gegen ihn geführten Prozesses dem kopernikanischen Weltbild abgeschworen hatte, soll er in seinen Bart gemurmelt und über die um die Sonne kreisende Erde gesagt haben: »Und sie bewegt sich doch.« Was naturwissenschaftlich erwiesen ist, ist und bleibt wahr. Und genauso ist und bleibt das Evangelium wahr, wenn es wirklich die Wahrheit ist. Dass Gott die Erde bewegt, bleibt auch dann wahr, wenn kein Mensch mehr von dieser weltbewegenden Gewissheit zu bewegen ist und wenn niemand »Und Gott gibt es doch« in seinen Bart oder sonstwohin murmelt. Die Wahrheit des christlichen Glaubens kann mithin niemals der Vergangenheit angehören oder durch Ignoranz, Indifferenz oder Kritik widerlegt werden. Wenn also Karl Barths große theologische Fiktion vom großen Happy End der allein aus Gnade und Liebe erwählten, versöhnten und erlösten Welt wirklich die eigentliche Wahrheit über Gott und die Welt widerspiegelt, dann muss sich niemand Sorgen um die Zukunft von Theologie und Kirche machen. Denn auf diese Zukunft kommt es nicht mehr an, wenn Gott die Zukunft ist, die auch dann auf die Menschheit zukommt, wenn Theologie und Kirche längst vergessen sind. Wer von der Schönheit und von der heiteren Eleganz dieses theologischen Konzepts

---

310   A. a. O., 1054f.

überzeugt ist, kann eigentlich jene theologischen Konstruktionen nur noch belächeln, die den Aufweis der christlichen Wahrheit an religiöse Phänomene, menschliche Selbstdeutungen und kirchliche Entwicklungen knüpfen.

Der US-amerikanische Soziologe Peter L. Berger (1929–2017) notierte vor fast fünfzig Jahren über die Welt der Neuzeit, in der der unmittelbare Verkehr mit dem Himmel nicht mehr stattfindet: »Der radikalen Transzendenz Gottes steht ein Universum von radikaler Immanenz gegenüber, eine Welt der ›Verschlossenheit‹ gegenüber dem Heiligen.«[311] Folgt man Karl Barth, dann ist diese Verschlossenheit kein Grund zur Sorge oder zur Klage – zumal sie sich ja auch und gerade dort am drastischsten manifestieren könnte, wo Religion fröhliche Urstände feiert und Menschen selbstsicher und vollmundig von Gott reden.

Weil also das Evangelium des von Barth erzählten Gottes auch der Gott gegenüber verschlossenen Welt zugesagt ist und diese Zusage ein- für allemal gilt, hat Karl Barths Theologie, die die Welt Welt, den Menschen Mensch und Gott Gott sein lässt, ihre beste Zeit noch vor sich. Womöglich ist diese Zeit erst dann wirklich gekommen, wenn nichts in der Welt mehr an Gott erinnert und alle kultur-, religions-, moral- und existenztheologischen Rettungsversuche der christlichen Wahrheit endgültig ins Leere gelaufen sind.

---

311 Peter L. Berger, Zur Dialektik von Religion und Gesellschaft. Elemente einer soziologischen Theorie, Frankfurt a. M. 1973, 108.

12. Die Melodie der Versöhnung
Zu schön, um nicht wahr zu sein

Es ist nicht leicht, ein Buch über Karl Barth zu schreiben und Barth darin selbst zu Wort kommen zu lassen, ohne von Barths Stil früher oder später mitgerissen, verführt und überwältigt zu werden. Vielleicht haben Sie, liebe Leserinnen und Leser, dies an manchen Stellen gemerkt. Ich selbst jedenfalls habe es sich abzeichnen sehen, während ich schrieb. Meine wachsende Lust, längere Passagen aus Texten Karl Barths zu zitieren, war ein sicheres Indiz dafür. Üblicherweise gilt es als Zeichen der Unsouveränität eines Autors, wenn dieser die Sprache dessen, über den er schreibt, mehr oder weniger unwillkürlich kopiert. Wer dem Gegenstand seiner Untersuchung zu nahe ist, verliert leicht die kritische Distanz. Ich warne daher meine Studierenden gelegentlich, sich in akademischen Abschlussarbeiten mit Themen zu beschäftigen, mit denen sie sich zu sehr identifizieren.

Wenn jemand kopiert oder imitiert wird, dann ist dies aber zuallererst ein Zeichen der Größe dessen, der kopiert wird. In der Malerei, in der Musik und in der Literatur ist großer Stil unwiderstehlich. Er drängt sich auf und reißt uns mit sich fort. Großer Stil ist derart evident, dass man nahezu immer vor der Frage steht, warum man als Maler, Bildhauer, Musiker oder Schreiber nicht selbst auf diesen Stil gekommen ist. Großer Stil erhebt uns. In der Gegenwart großen Stils fühlen wir uns der Wahrheit näher. Was nicht schön sei, könne nicht wahr sein, bemerkte denn auch der Theologe Fulbert Steffensky (*1933) vor einigen Jahren in einer Diskussion an der Evangelischen Hochschule Nürnberg.

Bei der Lektüre der »Kirchlichen Dogmatik« und anderer Texte Karl Barths, insbesondere der Predigten aus seiner Spätzeit, scheint es mir denn auch stets, als verberge sich die Wahrheit nicht hinter den Worten im Sinn und in der Bedeutung des Gesagten, sondern in den Worten selbst – oder besser gesagt: in der Melodie der Sprache Karl Barths.

Ich habe mich in meinem theologischen Leben oft dabei ertappt, Passagen der »Kirchlichen Dogmatik« laut zu lesen. Ebenso wenig, wie ich manchmal umhin komme, ganze Bücher des österreichischen Schriftstellers Thomas Bernhard (1931–1989) ob der komödiantischen Großartigkeit der Art und Weise der Beschreibung noch des Düstersten laut und rhythmisch zu rezitieren, komme ich gelegentlich umhin, mir die Melodik der Texte Karl Barths selbst zu Gehör zu bringen. Ich weiß noch, wie ich als Student erstmals die Tonbandaufnahme einer Barth-Vorlesung angehört habe. Zwar ist mir heute nicht mehr erinnerlich, welche Art zu sprechen ich erwartete, aber dass Barth so sprach, wie er sprach, schien mir bereits nach wenigen Sekunden des Zuhörens alternativlos. Es war für mich unvorstellbar, dass er so gesprochen haben könnte wie etwa Paul Tillich, für den ich mich in den ersten Semestern meines Theologiestudiums zunächst begeisterte. Wenn ich mich recht erinnere, ist es sogar einem Tonbandmitschnitt einer Tillich-Vorlesung zu verdanken, dass ich zum Barth-Fan wurde. Denn Tillichs gravierend ernste Art zu sprechen ließ in mir, noch ehe ich Karl Barth erstmals reden gehört hatte, leise Zweifel aufkommen. Konnte das wirklich die Wahrheit sein? Dieser so bedeutsam daherkommende letzte Ernst? Dieses Pathos? Ich weiß, dass ich Tillich Unrecht tue, den ich inzwischen wieder neu schätzen gelernt habe, aber so erlebte ich es damals. – Und dann auf einmal Karl Barth. Passte diese fulminante Schweizer Stimme[312] nicht viel besser zur Fulminanz der Wahrheit, um die es im christlichen Glauben und in der christlichen Theologie ja doch geht? Reflektierte der Schalk, der Barth beständig im Nacken zu sitzen schien und auch von Barths Stimme Besitz ergriff, die gute Nachricht des Evangeliums nicht viel glaubwürdiger? Und machte dieser Schalk nicht weit überzeugender als der Bierernst manch anderer Theologien Ernst damit, dass Theologie eben nur Theologie und nicht Gottes Wort selbst sein kann und sich daher besser nicht so ernst nehmen sollte?

Karl Barth erhob es zum Programm seiner Theologie, dem Rhythmus der Sachlichkeit des christlichen Glaubens zu folgen.[313] Der Rhythmus des Stils, in dem er diese Sache, nämlich den liebenden und freien, seine Schöpfung und seinen Menschen bejahenden Gott, zur Anwesenheit brachte, ist im Blick auf die Wirkung der Theologie Karl Barths aber sicherlich ebenfalls nicht zu unterschätzen. Darstellung und Dargestelltes, Inhalt und Form entsprechen einander bei Karl Barth. Das war schon in dessen expressionistischer Safenwiler Zeit so, erst recht aber in seiner Spätzeit, in der Barth seine schöne Erzählung auf schönste Weise erzählte und die Melodie der Versöhnung auch sprachlich zum heitersten und virtuosesten Klingen brachte. Wer sich Karl Barths letzte akademische Vorlesung anhört, die er am 1. März 1962 in der Aula der Universität Basel über die Liebe hielt, wird unschwer merken, was ich meine.[314] Barth machte sich darin augenzwin-

---

312 Siehe dazu Niklaus Peter, Karl Barths *Schweizer Stimme*, in: Duitse Kroniek, Vivat Helvetia. Die Herausforderung einer nationalen Identität, hg. von J. Enklaar und H. Ester, Amsterdam und Atlanta 1998, 105–126.
313 KD I,1, XI.
314 Karl Barth, Die Liebe. Karl Barths letzte akademische Vorlesung am 1. März 1962 in der Aula der Universität Basel (Langspielplatte), Zürich 1967.

kernd und zur allgemeinen Erheiterung über jenen Theologen lustig, dem die Heiterkeit und der Humor der Kinder Gottes fehlen: »Er bekommt keine Luft und sieht seine vornehmste Aufgabe darin, auch anderen keine Luft zu gönnen!« Anders Barths Theologie, deren Stil je länger je mehr den heiteren Geist der Freiheit auch von sich selbst atmete.

Kein noch so darstellenswerter Gegenstand eines Kunstwerks vermag ein vernichtendes Urteil über die missglückte ästhetische Darstellung zu relativieren. Es scheint jedoch, als wäre dies in der Theologie anders. Die Wahrheit scheint auch dann wahr zu bleiben, wenn sie in dürftigen, dürren und schwachen, ja schlechten Worten gesagt ist. Und dass Gottes Wahrheit selbst nicht in glorioser Hochform auf den Plan tritt, zeigt nicht zuletzt der Gekreuzigte, der alles andere als schön ist – es sei denn, man würde den Mann »ohne Gestalt noch Schönheit« (Jes 53,2) für den eigentlich schönen Menschen halten.

Theologia crucis heißt auch und vor allem, dass es in der Theologie nicht darum gehen kann, vollmundig und von Zweifeln und Gebrochenheit unangekränkelt im Namen Gottes das letzte Wort über Gott und die Welt zu sprechen. Aber in allen großen Texten – von der Bibel über Martin Luther bis zu Karl Barth – verhält es sich doch merkwürdigerweise so, dass der Glanz der Wahrheit des Gesagten dazu führt, dass noch das armseligste Sagen seinerseits ästhetisch an Brillanz gewinnt – auch und gerade dann, wenn der Gott von der traurigen und unschönen Gestalt zur Sprache kommt. – Im Übrigen können auch dürre und ausdruckslose Worte brillant sein – ebenso, wie die »armen« Kunstwerke der *Arte Povera* einen ungeheuren ästhetischen Reichtum besitzen können. Luthers letzter, von ihm am 16. Februar 1546 zu Papier gebrachter Satz – »Wir sind Bettler, das ist wahr«[315] – ist ästhetisch ebenso berührend, wie er inhalt-

---

315 Martin Luther, WA 48, 421.

lich berührend ist. Dasselbe gilt für Barths letzte überlieferte Worte: »Es wird regiert.«

Es mag ungewohnt und befremdlich sein, ein ästhetisches Urteil als theologisches Urteil ins Feld zu führen. Aber gerade im Blick auf Karl Barth könnte es gerechtfertigt sein, so zu verfahren. Ich bin jedenfalls davon überzeugt, dass sich die Durchdringung von Theologie und Ästhetik und vielleicht sogar die Aufhebung der Theologie in Ästhetik in Barths eigenem Denken reflektiert – und sei es halbbewusst.

Bekanntlich war Karl Barth ein glühender Verehrer Wolfgang Amadeus Mozarts (1756–1791), den er »unvergleichlich«[316] nannte und über den er theologisch Erstaunliches äußerte. Man kann, so Barth in KD III,3, »dafür halten, dass er in die Theologie (speziell in die Lehre von der Schöpfung und dann wieder in die Eschatologie) gehört.«[317] Und im Vorwort zu KD IV,2 signalisierte Barth, dass seine theologischen Gegner »weiter nichts mehr von mir zu befürchten haben«, »wenn sie in Zukunft über Mozart keine unziemlichen Dinge mehr sagen«[318]. Zum zweihundertsten Geburtstag des Komponisten erschien ein Mozart-Büchlein mit Texten von Barth. Darin findet sich sogar ein »Bekenntnis zu Mozart«[319]. Was Barth über seinen geliebten Mozart schrieb, dessen Musik er beim Schreiben an der »Kirchlichen Dogmatik« oft hörte, trifft auch für Barths Theologie zu, die ja vielleicht aus dem Geist der Ästhetik geboren ist, der sie bleibend beseelt – so dass man fast sagen könnte, Mozart habe die »Kirchliche Dogmatik« geschrieben. Und weil dieser Geist der Ästhetik Barths Theologie bleibend beseelt, ist sie womöglich bleibend aktuell – wie ein großes Kunstwerk eben, dessen Gegenstand im Vergleich zu dessen

---

316 KD III,3, 337.
317 Ebd.
318 KD IV,2, X.
319 Karl Barth, Wolfgang Amadeus Mozart, Zürich, 15. Aufl. 2006, 7f.

Stil unerheblich ist, weil in der Kunstgeschichte letztlich nur das Bestand hat, dessen Art der Darstellung im Gedächtnis bleibt.

Über Mozart sagte Barth unter dem Titel »Mozarts Freiheit« in seiner Ansprache bei der Gedenkfeier im Musiksaal in Basel am 29. Januar 1956: »Hier ist aber noch ein Letztes zu sehen und zu sagen. Es ist die mozartische Mitte nun doch nicht wie etwa bei dem großen Theologen *Schleiermacher* die des Ausgleichs, der Neutralität und schließlich der Indifferenz. Was sich in ihr ereignet, ist vielmehr eine herrliche Störung der Balance, eine *Wendung*, in deren Kraft das Licht steigt und der Schatten, ohne zu verschwinden, fällt, die Freude das Leid, ohne es auszulöschen, überholt, das Ja stärker als das immer noch vorhandene Nein zum Klingen kommt. Man bemerke die *Umkehrung* des Verhältnisses zwischen den großen dunklen und den kleinen hellen Erfahrungen in Mozarts Leben! ›Die Strahlen der Sonne *vertreiben* die Nacht‹, hört man am Ende der ›Zauberflöte‹. Das Spiel darf und muss noch weitergehen oder von vorne anfangen. Es ist aber ein in irgendeiner Höhe oder Tiefe gewinnendes oder schon gewonnenes Spiel. Das gibt ihm seine Richtung und seinen Charakter. Gleichgewicht und also Ungewissheit und Zweifel wird man in Mozarts Musik nie wahrnehmen.«[320] – Im Blick auf die Musik Wolfgang Amadeus Mozarts konnte Barth also bekennen, was er im Blick auf seine eigene Theologie insgeheim wohl auch bekennen musste und letztlich von seinem eigenen theologischen Selbstverständnis her immer wusste: dass auch sie nur ein Spiel sein kann. Ein Spiel unter dem Himmel Gottes, in dem es zwar um mehr geht als um Leben und Tod, das aber dennoch nichts anderes sein wollen kann als ein Spiel, dem Gott im besten Fall seinen Applaus schenkt.

Der frühe Barth sah sich noch nicht dazu in der Lage, dieses Kinderspiel zu spielen. Zu wohl fühlte er sich als kritischer Theologe in den rhetorischen Eiswüsten und auf den granatsplit-

---

320   A. a. O., 31–46, dort 42.

terdurchsiebten Schlachtfeldern des Expressionismus. Der reife Barth aber spielte – von Tag zu Tag gelassener, virtuoser und gleichwohl ferner von unreflektierter Naivität, die sich über den Zustand der Welt etwas vormacht.

Zweifellos täte auch unserer Zeit, unserer Theologie und unserer Welt fünfzig Jahre nach Karl Barth dieser spielerische Geist des Umgangs mit Gott und der Welt gut. Die meisten Menschen jedenfalls wollen nur spielen und guter Dinge in einer mitunter bösen Welt am Leben sein. Spielen und leben wollen die Menschen im sommerlichen Biergarten meines Eingangsszenarios und auch die vielen anderen. Die Luft zum Atmen und das Leben nehmen ihnen diejenigen, die nicht nur spielen wollen. Eine evangelische Theologie und eine evangelische Kirche, die ihrem Namen Ehre machen will, sollte die Menschen, die spielen wollen, spielen lassen und sich allenfalls zu ihnen gesellen, um ihnen zuzuprosten und ihnen zu sagen, dass keinem von ihnen Gott fern und dass alles gut ist.

Adorno schrieb: »Kunst ist Magie, befreit von der Lüge, Wahrheit zu sein.« Vielleicht ist auch die Theologie Karl Barths eine Kunst – eine Kunst, die die Wahrheit herbeizaubert, ohne dass es dieser Wahrheit einen Abbruch tun würde, wenn sie als Kunst, nämlich als Spiel, durchschaut wäre. – Und zwar deshalb nicht, weil sie zu schön ist, um nicht wahr sein zu können.

»Ich habe«, so Karl Barth, »zu bekennen, dass ich (dank der nicht genug zu preisenden Erfindung des Grammophons) seit Jahren und Jahren jeden Morgen Mozart höre und mich dann erst (von der Tageszeitung nicht zu reden) der Dogmatik zuwende. Ich habe sogar zu bekennen, dass ich, wenn ich je in den Himmel kommen sollte, mich dort zunächst nach Mozart und dann erst nach Augustin und Thomas, nach Luther, Calvin und Schleiermacher erkundigen würde. Aber wie soll ich mich darüber erklären? In ein paar Worten vielleicht so: Zum täglichen Brot gehört auch das Spielen. Ich höre Mozart – den jüngeren und den älteren Mozart, und so nur ihn – spielen. Spielen ist aber ein Ding, das gekonnt sein will, und insofern eine hohe und strenge Sache. Ich höre in Mozart eine Kunst des Spielens, die ich so bei keinem anderen wahrnehme. Schönes Spielen setzt voraus: ein kindliches Wissen um die Mitte – weil um den Anfang und um das Ende – aller Dinge. Ich höre Mozart aus dieser Mitte heraus, von diesem Anfang und Ende her musizieren. Ich höre die Begrenzung, die er sich auferlegte, weil gerade sie ihn erfreute. Sie erfreut, sie ermutigt, sie tröstet auch mich, wenn ich ihn höre. Gegen keinen von den anderen soll damit auch nur ein Wort gesagt sein. Nur eben dies: dass ich mich in diesem Sinn nur zu Mozart bekennen kann.«[321]

Lesen Sie, liebe Leserinnen und Leser, dieses Zitat bitte noch einmal. Und ersetzen Sie den Namen »Mozart« durch den Namen »Barth«. Dann scheint in Karl Barths Bekenntnis zu Mozart die Quintessenz dieses Büchleins über Karl Barth auf. Sie können es nun getrost zuklappen. – Alles gut.

---

321 A. a. O., 8.

www.tvz-verlag.ch

2015, 308 Seiten, Paperback
ISBN 978-3-290-17781-2

Eberhard Busch
Barth – ein Porträt in Dialogen
Von Luther bis Benedikt XVI.

Das Werk des Basler Theologen Karl Barth steht einzigartig in der Theologiegeschichte des 20. Jahrhunderts. Doch oft war er beim Denken und Schreiben im Gespräch mit einem Gegenüber aus seiner Zeit oder aus früheren Jahrhunderten. Er orientierte sich an für ihn interessanten Menschen – etwa Joseph Ratzinger, Friedrich Dürrenmatt, Franz Rosenzweig oder Nikolaus von Zinzendorf – und antwortete ihnen, lernte von ihnen, widersprach ihnen aber auch. Das war seine Art zu theologisieren.

Eberhard Busch zeichnet anhand solcher Gespräche ein Porträt Karl Barths. Die 15 »Dialoge« zeigen Querverbindungen zum Denken und Wirken anderer Persönlichkeiten auf und eröffnen einen vielfältigen Zugang zum grossen Denker der Dialektischen Theologie. So spricht auch Barth selbst aufs Neue – wie ein Gegenwärtiger.

TVZ Theologischer Verlag Zürich AG, Badenerstrasse 73, 8004 Zürich
Tel +41 (0)44 299 33 55, www.tvz-verlag.ch

T V Z

www.tvz-verlag.ch

2018, 96 Seiten, Paperback
ISBN 978-3-290-18169-7

Uwe Justus Wenzel
Das Wagnis der Torheit
Christliche Antworten – philosophische Fragen

Hat Gott den am Kreuz sterbenden Jesus verlassen? Ist der ungläubige Thomas die biblische Gestalt, in der heutige Leserinnen und Leser der Evangelien sich am leichtesten wiedererkennen können? Ist Geben tatsächlich seliger als Nehmen?
Das Fragen, schrieb der Philosoph Martin Heidegger, sei die Frömmigkeit des Denkens. Das Fragen frommt aber auch dem, der zu glauben versucht, was geschrieben steht. Uwe Justus Wenzel unternimmt fünfzehn solche Versuche: philosophische Meditationen, die erkennen lassen, dass nicht jedes ungläubige Staunen ungläubig sein muss. Entstanden sind diese Texte über die Jahre als Leitartikel für die »Neue Zürcher Zeitung«, erschienen zu Ostern und Weihnachten.

TVZ Theologischer Verlag Zürich AG, Badenerstrasse 73, 8004 Zürich
Tel +41 (0)44 299 33 55, www.tvz-verlag.ch

T V Z

www.tvz-verlag.ch

2006, 288 Seiten, Paperback
ISBN 978-3-290-17353-1

Wolfgang Schildmann
Karl Barths Träume
Zur verborgenen Psychodynamik seines Werkes

Karl Barth hat mit seiner Theologie des Wortes Gottes ein auf die »Sache« hin angelegtes und »klassisch« dogmatisch konstruiertes Werk hinterlassen. Trotz der damit verbundenen Distanz zu allem Subjektiven und damit auch zur Psychologie besass Barth ein feines Gespür für innere Vorgänge.

In seinem Briefwechsel mit Eduard Thurneysen berichtet er immer wieder eigene Träume: höchst aussagekräftige Träume von Auseinandersetzungen mit Exponenten der zeitgenössischen Theologie, von der »Todesmutter«, Träume von der Trinität oder davon, wie er Mozart »examiniert«.

Wolfgang Schildmann, Barth-Schüler und Jung'scher Psychoanalytiker, deutet im vorliegenden Buch die überlieferten Träume behutsam im Kontext von Barths Leben und Werk. Er deckt so erstmals den lebensgeschichtlichen Ansatz der Theologie und die hintergründige Psychodynamik von Karl Barths Denken auf.

TVZ Theologischer Verlag Zürich AG, Badenerstrasse 73, 8004 Zürich
Tel +41 (0)44 299 33 55, www.tvz-verlag.ch

T V Z